GRILLEN!

Die besten Rezepte

CORMORAN

Inhalt

Sauber und gesund grillen: **Elektro-Barbecuegrillgeräte**

Elektrogrillgeräte sind immer und überall grillbereit – einfach, sicher und gesund. Wer bisher mit dem Thema Grillen aus Gesundheitsüberlegungen oder Bequemlichkeit wenig anfangen konnte, der wird mit einem modernen Elektro-Barbecuegrill ungeahnten Spaß und viel Freude haben. Und die »lieben Nachbarn« werden sich durch störende Rauch- und Geruchsentwicklung nicht mehr belästigt fühlen. Elektro-Barbecuegrills machen das Grillen gesünder, sauberer und viel, viel leichter.

➤ Zunächst wird beim Elektrogrill die Grillwanne mit Wasser gefüllt (siehe Foto). So fällt das abtropfende Fett fast vollständig in das Wasser und verbrennt nicht. Störender Rauch entsteht so kaum, und auch die so manchen Zeitgenossen ärgernden Grillgerüche sind weitestgehend vermeidbar. Elektrogrillen ist daher besonders ideal für kleine Balkons und dicht nebeneinander liegende Wohneinheiten. Doch auch sonst hat die Elektrogrillmethode eine Vielzahl von Vorteilen.

➤ Die Füllung mit Wasser sorgt beispielsweise dafür, dass das ins Wasser abgetropfte Fett mühelos entsorgt werden kann.

➤ Alle Bauteile eines Elektrogrills lassen sich einfach und problemlos – meistens sogar in der Spülmaschine – reinigen (siehe Foto).

Vielseitig einsetzbar, allzeit bereit

Wenn das Sommerwetter einmal ausbleiben sollte, muss niemand auf Leckeres vom Grill verzichten. Elektro-Barbecuegrills lassen sich nicht nur auf dem Balkon oder der Terrasse aufstellen. In der Küche oder auf dem Esstisch wird der Elektrogrill schnell zum bewunderten Mittelpunkt einer kleinen Grillparty. Bitte beachten Sie beim Aufstellen des Geräts immer die Hinweise der Hersteller.
Sollte die bereits in Gang gekommene Grillparty im Freien einmal buchstäblich ins Wasser fallen, ist der Elektrogrill mit wenigen Handgriffen unter einem geschützten Dach schnell wieder voll im Einsatz. Der Grillspaß kann sofort weitergehen.
Nach einem Spaziergang im Herbst oder Frühjahr oder sogar im Winter, wenn Sie sonst noch nie ans Grillen gedacht hätten, können Sie sich einfach und leicht ein raffiniertes Grillrezept zubereiten. Einen Elektrogrill zu besitzen bedeutet Grillen zu jeder Jahreszeit.
Vorbei sind die Zeiten, als das Grillen mehr Grillmühe statt Grillspaß war. Langwierige und mühsame Vorbereitungen sind nicht mehr notwendig. Bei einem Elektrogrill bedarf es keiner großen Kunst, das »Feuer zu entfachen«. Einfach den Stecker in die Steckdose stecken, und nach einer kurzen Aufheizzeit kann das Grillvergnügen beginnen. Der Vorteil: Eine Grillfeier muss nicht mehr großartig geplant werden. Wenn Verwandte oder Freun-

de kommen und sie Lust auf Gegrilltes haben, kann einfach und schnell der Grillspaß beginnen. Auch nach der Arbeit lässt sich in kurzer Zeit Ihr Lieblingsgericht auf dem Grill zubereiten.

Welches Gerät wofür?

Welchen Elektrogrill benötigen Sie? Soll es ein einfacher, leicht zu handhabender Tischgrill sein oder ein Grill mit Standuntergestell? Grillen Sie lieber traditionell auf einem Grillrost – mit einem besonders leistungsstarken 2300-Watt-Gerät –, oder soll es ein energiesparender Elektrogrill mit antihaftbeschichteter Gussplatte sein? Möchten Sie Ihren Grill lieber oval, rund oder eckig?
Besonders professionell gelingt Ihre Grillparty mit dem exklusiven Grillwagen, der sich durch seine Räder kinderleicht transportieren lässt. Seine großen Ablageflächen bieten viel Platz für Grillgut und Beilagen. Sie sehen, das Angebot an Barbecue-Elektrogrills ist groß. Für jeden Geschmack und jeden Einsatzzweck gibt es das passende Gerät.

Raffiniertes Zubehör

Der Pizzastein

Beim modernen Kugelgrill können Sie mit einem passenden Pizzastein, der als Zubehör erhältlich ist, sogar eine herzhafte Pizza backen.

Die Party-Pfanne

Ein besonderes Extra ist die elektrische Party-Pfanne, geeignet zum Kochen, Braten, Dünsten und Warmhalten von Speisen. Die antihaft-beschichtete Bratpfanne ist abnehmbar und kann in der Geschirrspülmaschine gereinigt werden. Ein Glasdeckel mit Griff ermöglicht sogar schonendes Dünsten von Gemüse und Fischen.

Bildlegende

1 Barbecue-Tischgrill mit Grillrost
2 Barbecue-Grill mit Standuntergestell und Ablagefläche
3 Barbecue-Grillwagen mit Rädern zum leichten Transport
4 Barbecue-Grill mit antihaftbeschichteter Gussplatte
5 Pizzastein aus Schamotte im Barbecue-Kugelgrill
6 Party-Pfanne, antihaft-beschichtet, mit Glasdeckel

Der Grillratgeber – Tipps für die Praxis

Fleisch, Gemüse oder Fisch richtig einzukaufen ist die notwendige Grundlage des Grillvergnügens, sozusagen das A und O. Die Lebensmittel dann fachgerecht zu marinieren und auf dem Grill zu platzieren, ist für das Gelingen und den guten Geschmack nicht weniger entscheidend. Doch das alles ist nur dann von Erfolg gekrönt, wenn auch der letzte Punkt, die optimale Grilldauer, stimmt. Den exakten Garpunkt nicht zu verpassen, das macht einen guten Grillmeister aus.

Verführerische goldbraune Krusten müssen kein Wunschtraum bleiben. Mit ein wenig Sachkenntnis, Fingerspitzengefühl und etwas Erfahrung können Sie den idealen Garpunkt Ihrer Grilladen leicht selbst bestimmen.

Und wenn Sie als Grilleinsteiger doch einmal schlechte Erfahrungen machen, wenn das Fleisch zu trocken wird oder die Kruste nicht knusprig, dann trösten Sie sich mit dem Wissen, dass noch kein Meister vom Himmel gefallen ist. Natürlich gibt es Dinge, die Sie auch mit noch so langer Erfahrung nicht vorhersehen, geschweige denn beeinflussen können.

Fleisch und Geflügel grillen

Damit Fleisch und Geflügel saftig bleiben, müssen sich die Poren möglichst schnell schließen. Dazu müssen Temperaturen um 160 °C herrschen; diese können Sie am Elektrogrill problemlos einstellen. Zu niedrig darf die Hitze jedoch auch nicht sein, sonst schmort das Fleisch nur vor sich hin, und es wird sich niemals eine knusprige Kruste bilden. Ohne Kruste wiederum schwitzt das Fleisch und verkümmert am Ende als faseriges, trockenes Stück.

Grundsätzlich müssen dünne Grillstücke rasch bei hoher Hitze von beiden Seiten grillen. Aber wenn dicke Steaks großer Hitze ausgesetzt sind, dann beginnen sie außen eine Kruste zu bilden, während sie innen noch roh sind. Hier das richtige Tastgefühl zu entwickeln, ist nicht schwer: Rohes Fleisch ist weich, durchgegrilltes ist hart. Wenn eine Seite des Steaks fertig gegrillt ist, dann drehen Sie das Steak um. Drücken Sie mit einem Messerrücken auf das Fleisch. Auf der noch ungegrillten Seite wird ein wenig Saft austreten. Je nach der Farbe, von dunkelrot bis hellrot, können Sie auf den Zustand im Inneren des Steaks schließen.

Grillen von Fisch

Ganze Fische werden langsam bei etwa 140 °C bis 150 °C gegrillt. Durch die zarten Fasern und den hohen Eiweißgehalt erreichen Fische sehr schnell den Garpunkt. Wird dieser verpasst, wird der Fisch hart und faserig. Bei ganzen Fischen kann man die Beschaffenheit testen, indem man mit einem spitzen Messer oder Holzspieß hinter den Kiemen einsticht. Auch hier brauchen Sie also ein wenig Fingerspitzengefühl, das nur durch Erfahrung zu erreichen ist. Bei Fischfilets ist es einfacher. Da kann man mit einem spitzen Messer kurz einschneiden und sieht schnell und eindeutig den Gargrad.

Gemüse grillen

Sie sollten Gemüse stets bei 140 °C bis 160 °C grillen und es zuvor mit etwas Öl einpinseln. Da Gemüse selbst ja kein Fett enthält, würde es sonst auf dem Grill schnell austrocknen und anbrennen. Bedenken Sie das auch, wenn Sie Gemüse in Grillspießen verwenden. Bestreichen Sie also die Gemüsestückchen hin und wieder ganz dünn mit Öl.

Genuss ohne Reue:
Grillen und Gesundheit

Ist es Ihnen schon einmal passiert, dass jemand eine Einladung zum Grillfest abgelehnt hat, weil er von gesundheitsschädigenden Stoffen gehört hat, die gerade beim Grillen entstehen? Hier kann ein wenig Aufklärung nicht schaden, um Missverständnisse und Ängste zu vermeiden.
Eines kann man vorweg feststellen: Beim Garen auf dem Elektrogrill wird nur sehr wenig Öl zum Bestreichen des Grills – um ein Ankleben der Grilladen zu vermeiden – verwendet. Öl dient nicht als Überträger der Hitze, wie das beim Braten der Fall ist. Zudem tropft ein Teil des Eigenfettes der Grilladen in Auffangschalen und muss nicht mitverzehrt werden. Auch mit dem Salz kann beim Grillen gespart werden. Die im Fleisch selbst enthaltenen Salze werden beim Grillen nicht durch Brühe oder Saucen ausgeschwemmt. Salzen sollten Sie gegrilltes Fleisch – wenn überhaupt – erst, wenn sich die Poren geschlossen haben. Aus diesen Gründen muss das Grillen als eine eigentlich gesundheitsfördernde Garmethode angesehen werden.

Benzpyrene

Während des Grillvorgangs, hauptsächlich bei Kohlegrills, tropfen Flüssigkeiten vom Grillgut in die Glut bzw. das Feuer. Bei der Verbrennung entstehen die so genannten Benzpyrene, diese steigen nach oben auf und belasten das Grillgut. Benzpyrene sind als gesundheitsschädlich einzustufen.

➤ Abhilfe erreichen Sie durch indirektes Grillen, d. h. mit Abstrahlhitze grillen, wie es moderne Elektrogrills tun. Zudem sind diese temperaturregelbar. Aber auch bei Holzkohlegrills können Sie indirektes Grillen erreichen: z. B. wenn die Kohle in einem Korb hinter dem Grillgut (Hähnchengrill) angebracht ist und die Flüssigkeiten nach unten in eine Auffangschale abtropfen können.

Nitrosamine

Sie entstehen, wenn mit Nitritpökelsalz behandeltes Grillgut auf den Rost gelegt und gegrillt wird. Pökelsalz wird eingesetzt, um Fleisch und Wurst vor Verderb durch Bakterien zu schützen und diesen den spezifischen Geschmack und die rote Farbe zu geben.

➤ Zum Grillen sind alle Wurst- und Fleischwaren geeignet, die nicht gepökelt sind und optisch eher weiß aussehen, z. B. Kalbsbratwürste, Schweinsbratwürste, Wollwürste, Nürnberger Bratwürste, Frankfurter Rostbratwürste, sowie alle rohen Fleischteile vom Schwein, Rind, Lamm und Geflügel. Natürlich auch alle Fische und Meeresfrüchte.

Gesundes Grillen und Höchstleistungen

Für Leistungssportler und für Menschen, die harte körperliche Arbeit leisten, ist kohlenhydratreiche Mischkost mit mehr Eiweiß und erhöhter Kalorienzufuhr wichtig. Bei der Zubereitung der Speisen sollte auf den Erhalt von Vitaminen und Mineralstoffen geachtet werden. Die indirekte Grilltechnik, die diese Anforderungen unterstützt, findet nicht nur bei Sportlern, sondern auch bei ernährungsbewussten Verbrauchern immer mehr Anklang. Nicht nur wegen der einfachen und schnellen Zubereitung, sondern auch wegen der Gesundheitsaspekte. Stabhochsprung-As Danny Ecker und die dreifache Sprint-Europameisterin Sina Schielke sind echte Grillexperten, sie lassen sich von Armin Roßmeier bei der Zusammenstellung ihrer Ernährung beraten.

Armin Roßmeier, Sina Schielke und Danny Ecker grillen gerne mit den komfortablen Elektrogrills.

Das Tüpfelchen auf dem i: **Gewürze und Kräuter**

Kräuter machen aus jeder alltäglichen Mahlzeit mehr. Sie bringen nicht nur Geschmack ins Leben. Kräuter erhalten auch das Leben; denn die meisten Kräuter sind zugleich Heilkräuter. Auch Gewürze wirken sich auf den gesamten Körper aus. Manche haben Einfluss auf Herz und Kreislauf, andere wiederum fördern die Verdauung. Lange Zeit wollte man von solchen Hausmitteln nichts mehr wissen. Heutzutage aber vertrauen immer mehr Menschen wieder den Gaben und den Kräften der Natur.

Kräuter

Schnittlauch, Dill und **Petersilie** sind nicht mehr die einzigen Kräuter in unseren Küchen. Es gibt typische Gewürze, die bei vielen Grillrezepten eine Rolle spielen. Manche kommen ursprünglich aus anderen Gegenden und bringen immer noch einen Duft von Ferne mit.

Kein anderes Kraut erinnert so sehr an den Süden, an Sonne und Meer wie **Rosmarin**. Seine Heimat ist der Mittelmeerraum. Sie können ihn büschelweise um einen Grillbraten binden oder ein paar Nadeln aufs Lammfleisch streuen – stets verleiht er dem Gericht einen betörenden Hauch von Sonne und Mittelmeer. Die harzigen, ein bisschen nach Eukalyptus riechenden Nadeln werden zuerst mitgegrillt, später aber dann entfernt. Ebenfalls zu den mediterranen Kräutern gehören **Thymian, Estragon, Majoran** und **Basilikum**. Aber auch **Salbei, Zitronenmelisse** oder **Pfefferminze** können einer Speise die entscheidende Geschmacksnuance geben.
Wenn Sie die Kräuter frisch kaufen, dann sollten Sie sie bald waschen. Sie können die Kräuter ein wenig putzen und wie einen Strauß Blumen in einem Glas mit Wasser aufbewahren. Küchenkräuter sind nicht schwer zu ziehen. Sei es im eigenen Garten, auf dem Balkon oder auch bloß am Küchenfenster, Kräuter gedeihen eigentlich überall und ohne große Pflege.

Aber natürlich können Sie auch mit getrockneten oder tiefgefrorenen Kräutern auf Ihren Geschmack kommen. Bevor Sie getrocknete Kräuter aufs Grillgut streuen, sollten Sie sie kurze Zeit in etwas Öl einlegen. Dabei erlangen die trockenen Kräuter ihre Geschmeidigkeit zurück und entfalten die in ihnen enthaltenen Geschmacksstoffe. Frische Kräuter, die Ihnen übrig geblieben sind, können Sie problemlos trocknen und aufbewahren oder einfrieren – am besten schon gehackt, so lassen sie sich leicht portionsweise entnehmen.

Gewürze

Beim Grillen entstehen ganz typische Röstgeschmacksstoffe. Dieser Geschmack ist für den Grillfan der wesentliche. Mit **frisch geriebenem Pfeffer** und einer Prise **Salz** kann man aus den Grilladen schon eine kleine Köstlichkeit zubereiten. Ansonsten können Sie dem Fleisch, Geflügel, Fisch oder Gemüse vor dem Grillen einen ganz besonderen Geschmack geben, wenn Sie es in bestimmten Marinaden einlegen. Grillmarinaden oder -beizen sowie Würzmischungen auf der Basis von **Zitronensaft, Essig** oder **Öl** verleihen dem Grillgut ein spezielles Aroma und tragen dazu bei, beispielsweise das Fleisch zarter zu machen. Bevor die Grillstücke in die Marinade eingelegt werden, sollten Sie sie unter fließendem Wasser abbrausen und sie anschließend mit Küchenpapier gründlich trockentupfen.

Fleisch oder auch Fisch sollte mindestens eine halbe Stunde in der kalten Marinade ziehen. Es können aber auch ruhig mehrere Stunden sein. Dabei stellt man das Ganze am besten in den Kühlschrank. Schließlich streift man die Marinade und alle am Grillgut klebenden Kräuter sorgfältig ab. Die Marinade muss man nicht weggießen. Sie können die Grillstücke während des Grillens immer wieder damit einpinseln und schützen sie so vor dem Austrocknen. Das macht sie noch ein wenig würziger und sorgt für eine feine Kruste.

Marinaden und Saucen

Ob Sie Marinaden nun exotisch scharf oder mitteleuropäisch gemäßigt vorziehen, bleibt ganz Ihnen selbst überlassen. Hier ist Ihrer Lust und Laune höchstens eine einzige Grenze gesetzt: Die Marinade soll den Eigengeschmack des Grillgutes unterstützen und nicht überdecken.
Marinaden bestehen in den meisten Fällen hauptsächlich aus Öl. Das hat den Zweck, während der Marinierzeit den Sauerstoff der Luft vom Fleisch oder dem Fisch abzuhalten. Später bietet Öl einen Schutz gegen Austrocknung.

Das richtige Öl

Rapsöl, Sonnenblumenöl und Distelöl schmecken relativ neutral. Olivenöl hat je nach Sorte einen starken bis eigenwilligen, aber sehr aromatischen Geschmack. Bei den sehr hohen Temperaturen eignet sich Rapsöl am besten für Marinaden, da es den höchsten Rauchpunkt hat.
Raffiniertes Rapsöl ist vielseitig verwendbar: für Salate, Dips, Marinaden, zum Kochen, Grillen und Frittieren. Es ist bis 200 °C erhitzbar. Kalt gepresstes Rapsöl hat einen leicht herb-nussigen Eigengeschmack, der Ihrem Salat eine kernige Note gibt. Es sollte nicht über 150 °C erhitzt werden und ist besser für die kalte Küche geeignet.

Essige

Eine kulinarische Entdeckungsreise können Sie auch in der Welt des Essigs unternehmen. Ob weiß oder rot, mit starker Säure oder eher mild, wie z. B. Sherryessig und Aceto Balsamico, gibt Essig Ihrer Grill- oder Salatmarinade das gewisse Etwas. Mit Gewürzen und Kräutern wie Knoblauch, Rosmarin oder Estragon können Sie jedem Öl oder Essig noch eine ganz individuelle Note geben.

Saucen und Dips

Bei Tisch reicht man zum Gegrillten eine Auswahl an Saucen und Dips. Meist bestehen sie aus einer Basis von Essig und Öl, der weitere Zutaten wie Sahne, Crème fraîche, Kräuter, Gewürze und was immer Ihnen Appetit macht, beigemischt werden.

Tipp

Für eine Standard-Ölmarinade für Fleisch und Geflügel benötigen Sie für vier bis sechs Portionen 250 Milliliter Rapsöl, einen Rosmarinzweig, eine Knoblauchzehe, drei Salbeiblätter, zwei Wacholderbeeren und einen halben Teelöffel geschroteten Pfeffer. Mischen Sie in einem flachen Gefäß das Rapsöl mit zerhacktem Rosmarin, Salbei, dem zerdrückten Knoblauch sowie den zerstoßenen Wacholderbeeren, und geben Sie den Pfeffer dazu. Darin legen Sie die vorbereiteten Fleisch- und Geflügelstücke einige Stunden ein.

Köstliche Zugaben

Saucen, Dips und Buttermischungen

Wenn das Fleisch fertig gegrillt ist, dann fehlt nur noch die passende Sauce zum vollendeten Genuss. Natürlich könnten Sie auch auf Fertigprodukte zurückgreifen, die es heute in einer fast unüberschaubaren Anzahl gibt.

Aber gibt es etwas Schöneres, als von den Gästen für die gelungenen Saucen und Dips gelobt zu werden? Was neben dem Grill bzw. auf dem Tisch auch nicht fehlen darf, ist Butter. Damit bestreicht man nicht nur sein Brot – ein Klecks würzige Kräuterbutter auf dem Steak kann wahre Wunder wirken.

Pikante Paprikasauce

Zutaten für 4 bis 6 Portionen

2 Schalotten
1 EL Olivenöl
1 rote Paprikaschote
1 gelbe Paprikaschote
200 g Sahne
1 EL frisch gehackter Thymian
Jodsalz
Pfeffer aus der Mühle
Cayennepfeffer
Zucker
300 g Paprikafrischkäse

Zubereitungszeit: 30 Minuten

1. Die Schalotten abziehen, klein schneiden und im heißen Öl in einer Pfanne glasig braten. Die Paprikaschoten putzen, entkernen, waschen und das Fruchtfleisch in feine Würfel schneiden.

2. Die Paprikawürfel zu den Schalotten geben und kurz mitdünsten. Mit der Sahne aufgießen und das Ganze bei starker Hitze, unter ständigem Rühren, etwas einkochen lassen.

3. Die Sauce von der Kochstelle nehmen und mit Thymian, Jodsalz, Pfeffer aus der Mühle, Cayennepfeffer und einer Prise Zucker abschmecken. Die Sauce vor dem Servieren erkalten lassen und den Frischkäse darunter rühren. Die Sauce nochmals abschmecken.

Käse-Kapern-Sauce

Zutaten für 4 bis 6 Portionen

1 Zwiebel
1 EL Rapsöl
1 Gläschen Kapern (35 g)
2 EL Weißwein
50 ml Gemüsebrühe
50 g Sahne
300 g Kräuterfrischkäse
Jodsalz
Pfeffer aus der Mühle
Zitronensaft
Worcestersauce
Zucker
1 Bund Schnittlauch

Zubereitungszeit: 30 Minuten

1. Die Zwiebel abziehen, klein schneiden und im heißen Rapsöl glasig braten. Eingelegte Kapern in ein Sieb abgießen und gut abtropfen lassen. Die Kapern grob hacken, zu der Zwiebel geben und mitdünsten.

2. Mit dem Weißwein ablöschen und mit der Gemüsebrühe und der Sahne aufgießen. Das Ganze bei starker Hitze etwas einkochen lassen. Die Sauce von der Kochstelle nehmen, auskühlen lassen und anschließend den Frischkäse darunter rühren.

3. Die Sauce mit Jodsalz, Pfeffer aus der Mühle, einigen Tropfen Zitronensaft, Worcestersauce und einer Prise Zucker kräftig abschmecken. Den Schnittlauch kalt abbrausen, trockenschütteln, in Röllchen schneiden und vor dem Servieren unter die Sauce rühren.

Meerrettich-Apfel-Sauce

Zutaten für 4 bis 6 Portionen

1 Zwiebel
2 Äpfel
1 EL Sonnenblumenöl
1 EL Zitronensaft
1 EL Apfelessig
300 g Frischkäse mit Meerrettich
Jodsalz
Pfeffer aus der Mühle
Zucker
2 Zweige Zitronenmelisse

Zubereitungszeit: **30 Minuten**

1. Die Zwiebel abziehen, die Äpfel schälen, entkernen und mit der Zwiebel in feine Würfel schneiden. Das Öl in einer Pfanne erhitzen und die Zwiebel- und Apfelwürfel darin glasig braten.

2. Den Zitronensaft und den Apfelessig dazugeben, die Mischung von der Kochstelle nehmen und auskühlen lassen. Den Frischkäse unter die Masse rühren und mit Jodsalz, Pfeffer aus der Mühle und einer Prise Zucker pikant abschmecken.

3. Die Zitronenmelisse waschen, trockenschütteln, die Blättchen abzupfen, klein schneiden und dazugeben. Die Meerrettich-Apfel-Sauce nochmals durchrühren und servieren.

Diese vier cremigen Saucen dürfen bei einer Grillparty nicht fehlen. Sie geben Gegrilltem erst das gewisse Etwas.

Kräuter-Champignon-Sauce

Zutaten für 4 bis 6 Portionen

1 Zwiebel
100 g Champignons
1 EL Butter, 1 TL Mehl
250 ml Fleischbrühe
250 ml Bratensaft
200 g Sahne
2 EL Sojasauce
Jodsalz, Pfeffer aus der Mühle
1 EL Worcestersauce
2 cl Sherry
3 Zweige Petersilie

Zubereitungszeit: **30 Minuten**

1. Die Zwiebel abziehen und in kleine Würfel schneiden. Die Champignons mit Küchenpapier abreiben und in dünne Scheiben schneiden. Die Butter in einer Pfanne erhitzen und die Zwiebel darin glasig braten.

2. Die Champignons zu der Zwiebel geben und kurz mitbraten. Das Mehl darüber streuen, sofort mit Fleischbrühe und dem Bratensaft aufgießen und aufkochen lassen. Mit der Sahne verfeinern und mit Sojasauce würzen.

3. Die Sauce bei starker Hitze etwas einkochen lassen und anschließend mit Jodsalz, Pfeffer aus der Mühle, Worcestersauce und Sherry abschmecken. Die Petersilie waschen, trockenschütteln, klein schneiden und zum Schluss unter die Sauce rühren.

Holländische Buttersauce (Grundrezept)

1. Die Butter in Stücke schneiden, in einen kleinen Topf geben und bei schwacher Hitzezufuhr zerlassen. Den Topf von der Kochstelle nehmen und die Butter bis zur Handwärme abkühlen lassen.

2. Inzwischen die Eigelbe mit dem Weißwein, dem Zitronensaft und der Worcestersauce in eine Edelstahlschüssel geben und mit dem Schneebesen verrühren. Mit Jodsalz und Pfeffer aus der Mühle würzen.

3. Die Edelstahlschüssel in ein heißes Wasserbad setzen und die Eigelbmasse schaumig aufschlagen.

4. Anschließend nach und nach die zerlassene Butter unterrühren. Die Sauce nochmals mit Salz und Pfeffer abschmecken und servieren.

Tipp

Mit dem Saft von einer Zitrone, 100 Gramm steif geschlagener Sahne und einem Bund fein gehackter Zitronenmelisse machen Sie aus der Holländischen Sauce eine luftige Zitronen-Butter-Sauce.

Zutaten für 4 bis 6 Portionen

250 g Butter
4 Eigelbe
100 ml Weißwein
1 EL Zitronensaft
1 EL Worcestersauce
Jodsalz
weißer Pfeffer aus der Mühle

Zubereitungszeit: 30 Minuten

Die Holländische Buttersauce lässt sich durch die Zugabe weniger Zutaten raffiniert verfeinern.

Aufgeschlagene **Kräutersauce**

Zutaten für 4 bis 6 Portionen

1 Rezept Holländische Buttersauce (siehe links)
100 ml Bratensaft
1 kleines Bund Kerbel
1 kleines Bund Estragon
Jodsalz
Pfeffer aus der Mühle
1 EL Zitronensaft
1 EL Worcestersauce

Zubereitungszeit: 30 Minuten

1. Die Holländische Buttersauce nach Grundrezept zubereiten und nach und nach den warmen Bratensaft unterrühren.

2. Kerbel und Estragon kalt abbrausen, trockenschütteln, die Blättchen abzupfen und klein schneiden.

3. Die gehackten Kräuter unter die Sauce rühren und diese mit Jodsalz, Pfeffer aus der Mühle, Zitronensaft und Worcestersauce kräftig abschmecken. Die Sauce kann sowohl warm als auch kalt serviert werden.

Basilikum-Tomaten-Sauce

Zutaten für 4 bis 6 Portionen

1 Rezept Holländische Buttersauce (siehe links)
1 EL Tomatenmark
2 Tomaten
1 Bund Basilikum
Jodsalz, weißer Pfeffer
1 EL Weinbrand
1 EL Aceto Balsamico

Zubereitungszeit: 35 Minuten

1. Die Holländische Buttersauce nach Grundrezept zubereiten und nach und nach das Tomatenmark unterrühren. Die Tomaten mit kochendem Wasser überbrühen, abziehen, entkernen und das Fruchtfleisch in kleine Würfel schneiden.

2. Das Basilikum kalt abbrausen, trockenschütteln, die Blättchen abzupfen, klein schneiden und mit den Tomatenwürfeln unter die Sauce rühren. Mit Jodsalz, weißem Pfeffer, Weinbrand und Aceto Balsamico kräftig abschmecken.

Aufgeschlagene **Fischsauce mit Lachskaviar**

Zutaten für 4 bis 6 Portionen

1 Rezept Holländische Buttersauce (siehe links)
100 ml helle gebundene Fischsauce (Fertigprodukt)
1 EL Zitronensaft
100 g Sahne
1 Gläschen Lachskaviar
Jodsalz, weißer Pfeffer
1 EL Zitronensaft
1 EL Worcestersauce
Zucker

Zubereitungszeit: 35 Minuten

1. Die Holländische Buttersauce nach Grundrezept zubereiten und die warme Fischsauce mit dem Zitronensaft nach und nach unterrühren. Die Sahne steif schlagen und mit dem Lachskaviar vorsichtig unter die Sauce rühren.

2. Die Sauce mit wenig Jodsalz, weißem Pfeffer aus der Mühle, Zitronensaft, Worcestersauce und einer Prise Zucker abschmecken.

Tipp

Eine exotische Abwandlung für die Fischsauce können Sie erreichen, indem Sie anstatt Zitronensaft Orangensaft verwenden und zusätzlich klein geschnittene Ananaswürfel zufügen.

Ananas-Camembert-Dip

Zutaten für 4 bis 6 Portionen

1 Zwiebel
1 EL Rapsöl
2 Scheiben Ananas (Konserve)
2 cl Weinbrand
120 g Camembert
200 g Magerquark
50 g Sahne
1/2 Kästchen Kresse
Jodsalz
1/2 TL frisch geriebener Ingwer
1/2 TL Zucker

Zubereitungszeit: 35 Minuten

1. Die Zwiebel abziehen und in kleine Würfel schneiden. Das Rapsöl in einer Pfanne erhitzen und die Zwiebelwürfel darin glasig braten. Die Ananasscheiben klein schneiden und mitdünsten.

2. Den Weinbrand dazugießen, aufkochen lassen und anschließend die Pfanne von der Kochstelle nehmen. Die Zutaten vollständig erkalten lassen. Inzwischen den Camembert klein schneiden und mit dem Quark in einen hohen Rührbecher geben. Die Sahne und die Zwiebel-Apfel-Mischung dazugeben und mit dem Stabmixer fein pürieren.

3. Die Kresseblättchen abschneiden, vorsichtig waschen, in einem Sieb abtropfen lassen und unter den Dip rühren. Zum Schluss das Ganze mit Jodsalz, frisch geriebenem Ingwer und Zucker abschmecken.

Meerrettich-Paprika-Dip

Zutaten für 4 bis 6 Portionen

200 g Frischkäse
2 EL Sahne
2 EL geriebener Meerrettich (frisch oder aus dem Glas)
2 Tomaten
1 eingelegte rote Paprikaschote
Jodsalz, weißer Pfeffer
Cayennepfeffer, Zucker

Zubereitungszeit: 20 Minuten

1. Den Frischkäse mit der Sahne und dem Meerrettich in eine Schüssel geben und glatt rühren. Die Tomaten mit kochendem Wasser überbrühen, abziehen, entkernen und das Fruchtfleisch fein würfeln. Die eingelegte Paprikaschote ebenfalls fein würfeln.

2. Die Tomaten- und Paprikawürfel unter den Dip rühren und das Ganze mit wenig Jodsalz, weißem Pfeffer aus der Mühle und je einer Prise Cayennepfeffer und Zucker abschmecken.

Avocado-Käse-Eier-Dip

Zutaten für 4 bis 6 Portionen

1 Avocado
2 hart gekochte Eier
50 ml Weißwein
150 g Blauschimmelkäse
1 EL mittelscharfer Senf
1 EL Tomatenketchup
Jodsalz, Pfeffer
Zucker

Zubereitungszeit: 10 Minuten

1. Die Avocado halbieren, entkernen, schälen, das Fruchtfleisch klein schneiden und in einen hohen Rührbecher geben. Die gekochten Eier pellen, klein schneiden und zu den Avocados geben.

2. Den Weißwein, den Blauschimmelkäse, den Senf und das Tomatenketchup dazugeben und alles mit dem Stabmixer cremig pürieren. Den Avocadodip mit Jodsalz, Pfeffer aus der Mühle und einer Prise Zucker abschmecken.

Siebenkräuterdip

1. Den Frischkäse mit der sauren Sahne in eine Schüssel geben und verrühren. Den Knoblauch abziehen und durch eine Knoblauchpresse dazudrücken. Die Kräuter verlesen, kalt abbrausen, trockenschütteln und klein schneiden.

2. Die Kräuter unter den Dip rühren und mit Jodsalz, Pfeffer aus der Mühle, frisch geriebener Muskatnuss, einigen Tropfen Zitronensaft und Worcestersauce und einer Prise Zucker abschmecken. Bis zum Servieren kalt stellen.

Zutaten für 4 bis 6 Portionen

200 g Doppelrahmfrischkäse
200 g saure Sahne
1 Knoblauchzehe
1/4 Bund Schnittlauch
2 Zweige Petersilie
2 Zweige Dill
2 Zweige Zitronenmelisse
1/4 Bund Sauerampfer
2 Zweige Basilikum
2 Zweige Oregano
1/2 Kästchen Kresse
Jodsalz
Pfeffer aus der Mühle
frisch geriebene Muskatnuss
Zitronensaft
Worcestersauce
Zucker

Zubereitungszeit: 15 Minuten

Mit den richtigen Küchengeräten sind die köstlichen Dips im Handumdrehen zubereitet.

Senf-Eier-Dip

Zutaten für 4 bis 6 Portionen

200 g Frischkäse
50 g Kefir
2 hart gekochte Eier
1 TL scharfer Senf
1 kleines Bund Schnittlauch
Jodsalz
Pfeffer aus der Mühle
Zucker

Zubereitungszeit: **10 Minuten**

1. Den Frischkäse mit dem Kefir in einen Rührbecher geben. Die gekochten Eier pellen, klein schneiden und dazugeben. Den Senf zufügen und das Ganze so lange mit dem Stabmixer pürieren, bis eine cremige Masse entstanden ist.

2. Den Schnittlauch abbrausen, trockenschütteln und in Röllchen schneiden. Die Schnittlauchröllchen unter den Dip rühren und mit wenig Jodsalz, Pfeffer aus der Mühle und einer Prise Zucker abschmecken.

Orangen-Frischkäse-Dip

Zutaten für 4 bis 6 Portionen

200 g Frischkäse
100 g Magerquark
1 unbehandelte Orange
1 TL geriebener Meerrettich (frisch oder aus dem Glas)
Jodsalz
weißer Pfeffer aus der Mühle
Zucker

Zubereitungszeit: **10 Minuten**

1. Den Frischkäse und den Quark in eine Schüssel geben und glatt rühren. Die Orange heiß abwaschen, trockenreiben und die Schale fein in die Schüssel abreiben. Die Orange halbieren und den Saft auspressen.

2. Den Orangensaft und den Meerrettich dazugeben und unterrühren. Zum Schluss den Dip mit Jodsalz, weißem Pfeffer aus der Mühle und einer Prise Zucker abschmecken.

Feuriger Tomatendip

Zutaten für 4 bis 6 Portionen

200 g Frischkäse, 100 g Joghurt
1 EL Tomatenmark
2 EL Tomatenketchup
2 Tomaten
1 hart gekochtes Ei
1/2 Bund Basilikum
1/4 Chilischote
Jodsalz, Pfeffer, Zucker

Zubereitungszeit: **20 Minuten**

1. Den Frischkäse mit dem Joghurt, dem Tomatenmark und dem Ketchup in eine Schüssel geben und mit einem Schneebesen glatt rühren. Die Tomaten mit kochendem Wasser überbrühen, abziehen, entkernen und das Fruchtfleisch in Würfel schneiden.

2. Das gekochte Ei pellen, kalt abwaschen, klein schneiden und mit den Tomatenwürfeln unter den Dip rühren. Das Basilikum kalt abbrausen, die Blättchen abzupfen, klein schneiden und unterrühren.

3. Die Chilischote waschen, trocknen und klein hacken. Den Dip mit Jodsalz, Pfeffer aus der Mühle, der klein gehackten Chilischote und einer Prise Zucker abschmecken.

Zitronenbutter

1. Die weiche Butter in eine Schüssel geben und schaumig rühren. Die Zitronenmelisse kalt abbrausen, trocknen, die Blättchen abzupfen, klein schneiden und unter die Butter rühren.

2. Den Ingwer schälen, klein schneiden und mit dem Zitronengelee unter die Butter rühren. Die Butter mit Jodsalz und wenig Pfeffer abschmecken. In einen Spritzbeutel mit Sterntülle füllen und Tuffs auf einen Teller spritzen oder eine Rolle formen, in Alufolie einwickeln und kalt stellen.

Tipp

Ersetzen Sie das Zitronengelee durch Orangenmarmelade, und geben Sie noch zwei Esslöffel Orangenlikör dazu – schon haben Sie eine Orangenbutter.

Zutaten für 4 bis 6 Portionen

125 g weiche Butter
1/2 Bund Zitronenmelisse
1 haselnussgroßes Stück frischer Ingwer
2 EL Zitronengelee
Jodsalz
weißer Pfeffer aus der Mühle

Zubereitungszeit: 10 Minuten

Sardellenbutter

1. Die Zwiebel abziehen, klein schneiden, mit der weichen Butter in eine Schüssel geben und schaumig schlagen. Die Sardellenfilets klein schneiden und zugeben.

2. Den Dill kalt abbrausen, trockenschütteln und klein schneiden. Dill, einige Tropfen Zitronensaft und Worcestersauce dazugeben und das Ganze kräftig durchschlagen. Die Butter mit Pfeffer, Cayennepfeffer und einigen Tropfen Weinbrand abschmecken. Die Butter zu Tuffs spritzen und kalt stellen.

Zutaten für 4 bis 6 Portionen

1 kleine Zwiebel
125 g weiche Butter
2–3 Sardellenfilets
1 Bund Dill
Zitronensaft
Worcestersauce
Pfeffer aus der Mühle
Cayennepfeffer
Weinbrand

Zubereitungszeit: 10 Minuten

Tomatenbutter

1. Die weiche Butter in eine Schüssel geben und mit einem Schneebesen schaumig schlagen. Die Zwiebel abziehen, in sehr kleine Würfel schneiden oder auf der Küchenreibe fein reiben und zur Butter geben. Das Tomatenmark und das Tomatenketchup gründlich darunter schlagen.

2. Basilikum kalt abbrausen, trocknen, klein schneiden und unter die Tomatenbutter rühren. Mit Jodsalz, Pfeffer aus der Mühle und einer Prise Zucker abschmecken. Die Tomatenbutter in einen Spritzbeutel mit Sterntülle füllen, Tuffs auf einen Teller spritzen und kalt stellen.

Zutaten für 4 bis 6 Portionen

125 g weiche Butter
1 kleine Zwiebel
1 TL Tomatenmark
1 EL Tomatenketchup
1 Bund Basilikum
Jodsalz, Pfeffer, Zucker

Zubereitungszeit: 10 Minuten

Kräuterbutter

Zutaten für 4 bis 6 Portionen

125 g weiche Butter
1 kleine Zwiebel
1 großes Bund gemischte Kräuter (Schnittlauch, Petersilie, Estragon, Dill)
1 TL scharfer Senf
1 EL Zitronensaft
1 EL Worcestersauce
Jodsalz
Pfeffer aus der Mühle
Cayennepfeffer

Zubereitungszeit: 15 Minuten

1. Die weiche Butter in eine Schüssel geben und mit dem Schneebesen schaumig schlagen. Die Zwiebel abziehen und klein schneiden oder fein reiben. Die Kräuter waschen, trockenschütteln und klein schneiden.

2. Die Zwiebel und die Kräuter unter die Butter rühren. Den Senf, den Zitronensaft und die Worcestersauce unterschlagen und die Butter mit Jodsalz, Pfeffer aus der Mühle und einer Prise Cayennepfeffer abschmecken. Die Kräuterbutter in einen Spritzbeutel mit Sterntülle füllen, Tuffs auf einen Teller spritzen und kalt stellen.

Tipp

Mit zwei Esslöffeln Weißwein und 50 Gramm geriebenem Parmesan bekommt die Kräuterbutter eine pikante Note. Bereiten Sie doch gleich mehrere Buttermischungen in größeren Mengen zu, spritzen Sie sie zu Tuffs auf, oder formen Sie sie zu kleinen Rollen und frieren Sie sie ein. Sie können dann jederzeit portionsweise entnommen werden.

Was wäre ein Steak ohne Kräuterbutter? Für eine verführerische Vielfalt sorgen diese verschiedenen Butterkreationen.

Mal Beilagen, mal Solisten

Kartoffeln und Brot

Wie so oft sind es die Kleinigkeiten, die ganz entscheidend zum Gelingen einer Grillparty beitragen bzw. manchmal auch zur Attraktion werden können. Was wäre eine Bratwurst ohne Brot oder ein Rindersteak ohne Grillkartoffel? Was Sie in diesem Kapitel finden, geht aber weit über diese Standards hinaus: Wir

zeigen Ihnen schnelle Ideen rund ums Brot, was Sie aus Kartoffeln sonst noch alles zaubern können und dass man mit dem geeigneten Grill sogar Pizza backen kann…

Grillkartoffeln

1. Die Kartoffeln gründlich unter fließendem Wasser waschen und dabei kräftig mit einer Gemüsebürste abbürsten. 2 Liter Wasser mit 1 Teelöffel Jodsalz, dem Lorbeerblatt, Kümmel, Wacholderbeeren und dem Rosmarinzweig aufkochen und die Kartoffeln darin etwa 8 bis 10 Minuten vorgaren.

2. Die Kartoffeln abgießen, ausdampfen lassen, mit Rapsöl bestreichen und auf dem Elektrogrill rundherum etwa 15 Minuten grillen. Die Kartoffeln oben kreuzweise einschneiden und mit einer der Kartoffel-Creams (siehe rechte Seite) füllen.

Tipp

Für die Grillkartoffeln sollten Sie möglichst gleich große Kartoffeln aussuchen, damit alle in etwa die gleiche Gardauer haben. Geeignet sind nur fest kochende bzw. vorwiegend fest kochende Sorten. Mehlig kochende Kartoffeln würden auf dem Grill zerfallen.

Zutaten für 4 Portionen

8 mittelgroße Kartoffeln
Jodsalz, 1 Lorbeerblatt
1 TL Kümmel
4 Wacholderbeeren
1 Rosmarinzweig
1 EL Rapsöl

Zubereitungszeit: 30 Minuten

Die drei sahnigen Creams passen nicht nur zu Grillkartoffeln, sondern auch zu gegrilltem Fleisch.

Gurken-Knoblauch-Cream

Zutaten für 4 Portionen

200 g Salatgurke
8 Radieschen
1 kleine Zwiebel
2 Knoblauchzehen
200 g Magerquark
200 g saure Sahne
1 Bund Schnittlauch
Jodsalz, Pfeffer aus der Mühle
Cayennepfeffer, Zucker

Zubereitungszeit: 15 Minuten

1. Die Salatgurke waschen, schälen, halbieren und die Kerne mit einem Teelöffel herauslösen. Das Fruchtfleisch in sehr feine Würfel schneiden. Die Radieschen putzen, waschen und ebenfalls fein würfeln. Die Zwiebel abziehen und sehr klein schneiden.

2. Die Knoblauchzehen abziehen und durch eine Knoblauchpresse zum Quark in eine Schüssel drücken. Die saure Sahne dazugeben und glatt rühren. Salatgurke, Radieschen und Zwiebel zufügen und unterrühren.

3. Den Schnittlauch kalt abbrausen, trockenschütteln, in Röllchen schneiden und unterrühren. Die Cream mit Jodsalz, Pfeffer aus der Mühle, wenig Cayennepfeffer und einer Prise Zucker kräftig abschmecken.

Kräuter-Sauerrahm-Cream

Zutaten für 4 Portionen

400 g Sauerrahm
50 g Sahne
1 großes Bund gemischte Kräuter (Schnittlauch, Petersilie, Dill, Estragon)
1/2 Schächtelchen Kresse
1 Knoblauchzehe
Jodsalz, Pfeffer
Cayennepfeffer, Zucker
Worcestersauce

Zubereitungszeit: 10 Minuten

1. Den Sauerrahm mit der Sahne in eine Schüssel geben und mit einem Schneebesen glatt rühren. Die Kräuter kalt abbrausen, trockenschütteln, die Blättchen abzupfen und klein schneiden. Die abgeschnittenen Kresseblättchen in einem Sieb waschen und abtropfen lassen.

2. Die gehackten Kräuter und die Kresse zur Sahne geben und untermischen. Den Knoblauch abziehen und durch eine Knoblauchpresse dazudrücken. Die Cream mit Jodsalz, Pfeffer aus der Mühle, Cayennepfeffer, einer Prise Zucker und einigen Tropfen Worcestersauce abschmecken.

Tomaten-Paprika-Cream

Zutaten für 4 Portionen

2 Tomaten
1 rote Paprikaschote
400 g Quark, 100 g Kefir
1/2 TL Paprikapulver
1/2 Bund Basilikum
Jodsalz, Pfeffer

Zubereitungszeit: 20 Minuten

1. Die Tomaten mit kochendem Wasser überbrühen, abziehen, entkernen und das Fruchtfleisch in kleine Würfel schneiden. Die Paprikaschote putzen, entkernen, waschen und ebenfalls klein würfeln. Den Quark mit dem Kefir in eine Schüssel geben und mit dem Schneebesen glatt rühren.

2. Die Tomaten und die Paprikaschoten dazugeben und unterrühren. Mit dem Paprikapulver bestreuen und unterrühren. Basilikum waschen, trockenschütteln, die Blättchen abzupfen und klein schneiden. Die Cream mit Jodsalz und Pfeffer aus der Mühle kräftig abschmecken.

Knusprige **Kartoffelrösti**

1. Die Kartoffeln waschen und mit der Schale in Salzwasser mit etwas Kümmel etwa 15 Minuten bissfest garen. Abgießen, ausdampfen lassen, pellen und die Kartoffeln auskühlen lassen.

2. Die Zwiebel abziehen und fein würfeln. Die kalten Kartoffeln grob reiben und mit der Zwiebel vermischen. Die Mischung mit Jodsalz, Pfeffer aus der Mühle und wenig Muskatnuss würzen.

3. Butterschmalz in der Party-Pfanne erhitzen. Aus der Masse 12 Klöße formen. Je 4 Klöße auf einmal nebeneinander in die Party-Pfanne geben und mit einem Pfannenwender oder mit den Fingern zu Rösti flach drücken.

4. Die Rösti bei mittlerer Hitze etwa 5 Minuten braten, bis sie unten gut gebräunt sind. Die Rösti mit dem Pfannenwender wenden und auf der zweiten Seite ebenfalls knusprig goldgelb braten. Warm stellen und aus der restlichen Kartoffelmasse weitere Rösti braten.

Zutaten für 4 Portionen

800 g fest kochende Kartoffeln
Jodsalz
Kümmel
1 Zwiebel
Pfeffer aus der Mühle
Muskatnuss
1 EL Butterschmalz

Zubereitungszeit: **50 Minuten**

Kartoffelplätzchen

1. Die Kartoffeln gründlich waschen und mit der Schale in Salzwasser mit etwas Kümmel 20 Minuten kochen. Abgießen, etwas ausdampfen lassen, pellen und durch eine Kartoffelpresse in eine Schüssel drücken.

2. Mit Mehl und den Eiern zu einem festen Teig verarbeiten. Die Petersilie kalt abbrausen, trockenschütteln, klein schneiden und dazugeben. Die Masse mit Jodsalz, Pfeffer aus der Mühle und etwas Muskatnuss würzen.

3. Die beschichtete Party-Pfanne erhitzen und mit Rapsöl bestreichen. Aus der Kartoffelmasse Plätzchen formen, in die Party-Pfanne legen und von beiden Seiten jeweils etwa 5 Minuten goldgelb braten.

Zutaten für 4 Portionen

800 g Kartoffeln
Jodsalz
1/4 TL Kümmel
4 EL Mehl
2 Eier
2 Zweige Petersilie
Pfeffer aus der Mühle
frisch geriebene Muskatnuss
1 TL Rapsöl

Zubereitungszeit: **45 Minuten**

Kümmel-Bratkartoffeln

Die kross gebratenen Kartoffeln gelingen in der Party-Pfanne ausgezeichnet und schmecken heiß aus der Pfanne am besten.

Zutaten für 4 Portionen

800 g fest kochende Kartoffeln
Jodsalz
Kümmel
1 Zwiebel
60 g Frühstücksspeck
1 EL Butterschmalz
2 Zweige Petersilie
Pfeffer aus der Mühle
1/4 TL Paprikapulver
1/2 TL getrockneter Majoran

Zubereitungszeit: 40 Minuten

1. Die Kartoffeln waschen und mit der Schale in Salzwasser mit etwas Kümmel in 15 Minuten bissfest garen. Abgießen, ausdampfen lassen, pellen und die Kartoffeln auskühlen lassen.

2. Die Kartoffeln in etwa 1/2 Zentimeter dicke Scheiben schneiden. Die Zwiebel abziehen, halbieren und in dünne Streifen schneiden. Den Frühstücksspeck in feine Würfel schneiden.

3. Butterschmalz in der Party-Pfanne zerlassen und die Zwiebelwürfel darin anbraten. Die Kartoffelscheiben dazugeben und von beiden Seiten in etwa 10 Minuten leicht braun anbraten lassen. Den Frühstücksspeck hinzufügen und unter vorsichtigem Wenden mitbraten.

4. Die Petersilie waschen, trockenschütteln und fein hacken. Zum Schluss die Bratkartoffeln mit Jodsalz, Pfeffer aus der Mühle, Paprikapulver, Majoran, frisch gehackter Petersilie und Kümmel kräftig würzen.

Dominosteine *aus Vollkornbrot*

1. Die Paprikaschote putzen, entkernen, waschen und das Fruchtfleisch in feine Würfel schneiden. Die Kräuter kalt abbrausen, trockenschütteln und fein hacken.

2. Den Quark und den Frischkäse in eine Schüssel geben und mit dem Schneebesen glatt rühren. Den Knoblauch abziehen und durch eine Knoblauchpresse dazudrücken. Die frisch gehackten Kräuter und die Paprikawürfel zufügen und unterrühren.

3. Die Käsemasse mit Jodsalz, Paprikapulver und Pfeffer aus der Mühle pikant abschmecken. Die Masse dick auf zwei Vollkornbrotscheiben verteilen und mit den übrigen Brotscheiben oben abdecken.

4. Die gefüllten Brotscheiben in Frischhaltefolie wickeln und im Gefrierfach etwa 30 Minuten leicht anfrosten lassen. Anschließend herausnehmen, auswickeln und in dominosteingroße Würfel schneiden.

Zutaten für 4 Portionen

1 rote Paprikaschote
1 kleines Bund gemischte Kräuter (Dill, Schnittlauch, Petersilie, Basilikum)
400 g Magerquark
100 g Frischkäse
1 Knoblauchzehe
Jodsalz
Paprikapulver
Pfeffer aus der Mühle
4 rechteckige Scheiben Vollkornbrot

Arbeitszeit: 20 Minuten
Kühlzeit: 30 Minuten

Gefülltes **Baguette**

1. Den Backofen auf 200 °C (Umluft 180 °C, Gas Stufe 3–4) vorheizen. Die Zwiebeln abziehen und in feine Streifen schneiden. In einer Pfanne die Butter zerlassen und die Zwiebelstreifen darin andünsten. Den Schinken in Streifen schneiden und mit der Crème fraîche unter die Zwiebeln mischen.

2. Die Kräuter abbrausen, trockenschütteln und klein schneiden. Die Zwiebelmasse mit Jodsalz, Pfeffer aus der Mühle und den frisch gehackten Kräutern würzen. Das Baguette der Länge nach aufschneiden und gleichmäßig mit der Masse füllen.

3. Das gefüllte Brot in Alufolie einwickeln und im vorgeheizten Backofen auf der obersten Schiene etwa 12 Minuten erhitzen. Anschließend herausnehmen, Alufolie entfernen und das Baguette in dicke Scheiben schneiden.

Zutaten für 4 Portionen

2 Zwiebeln
1 TL Butter
200 g gekochter Schinken
100 g Crème fraîche
1 kleines Bund gemischte Kräuter (Schnittlauch, Petersilie, Dill)
Jodsalz
Pfeffer aus der Mühle
1 Baguette

Zubereitungszeit: 30 Minuten

Pizza mit Tomaten und Käse

1. Das Mehl in eine große Schüssel sieben und mit 1 Teelöffel Jodsalz mischen. In die Mitte eine Mulde hineindrücken. Die Hefe mit den Fingern zerbröseln und in die Mulde geben. Das Ei, das Öl und 200 Milliliter lauwarmes Wasser dazugeben.

2. Die Zutaten mit dem Knethaken des Handrührgerätes zu einem glatten, geschmeidigen Teig verkneten. Mit einem Tuch abdecken und etwa 30 Minuten an einem warmen Ort gehen lassen, bis sich das Teigvolumen verdoppelt hat. Den Teig gut durchkneten und nochmals etwa 30 Minuten zugedeckt gehen lassen.

3. Inzwischen die geschälten Tomaten abgießen und mit dem Tomatenmark in einer Schüssel mit dem Stabmixer fein pürieren. Mit Jodsalz und Pfeffer würzig abschmecken. Die Tomaten waschen, putzen und in Scheiben schneiden. Den Schinken und die Salami in Würfel schneiden. Die Champignons mit Küchenpapier abreiben und in feine Scheiben schneiden.

4. Den Teig mit leicht bemehlten Händen gut durchkneten, in vier Stücke teilen und auf einer bemehlten Arbeitsfläche mit einem Nudelholz rund ausrollen und ringsherum einen etwa 1 Zentimeter hohen Rand hochziehen.

5. Das Tomatenpüree mit einem Esslöffel auf die Pizzaböden streichen und die Tomatenscheiben darauf legen. Schinken, Salami und Champignons darauf verteilen und mit Jodsalz und Pfeffer würzen. Majoran und Thymian darüber streuen und zum Schluss mit dem geriebenen Käse bestreuen. Die Pizzas nach und nach auf dem heißen Pizzastein im Grill etwa 8 bis 10 Minuten backen.

Zutaten für 4 Portionen

500 g Mehl
Jodsalz
1 Würfel frische Hefe (42 g)
1 Ei
2 EL Öl
250 g geschälte Tomaten (Konserve)
2 EL Tomatenmark
Pfeffer aus der Mühle
4 Fleischtomaten
200 g Schinken in Scheiben
100 g Salami in Scheiben
100 g Champignons
Mehl für die Arbeitsfläche
1/2 TL Majoran
1/2 TL Thymian
150 g geriebener Emmentaler

Arbeitszeit: 40 Minuten
Ruhezeit: 1 Stunde

Unter freiem Himmel schmeckt frisch gebackene Pizza gleich nochmal so gut.

Knusprige Gemüseecken

Zutaten für 4 bis 6 Portionen

500 g Mehl
1 Würfel frische Hefe (42 g)
1 EL Zucker
2 EL Olivenöl
Jodsalz
Pfeffer aus der Mühle
frisch geriebene Muskatnuss
250 g Porree
2 rote Paprikaschoten
200 g Mais (Konserve)
2 Eier
2 Knoblauchzehen
100 g Crème fraîche
100 g geriebener Emmentaler
1 Bund gemischte Kräuter (Schnittlauch, Petersilie, Dill)
Cayennepfeffer
Mehl für die Arbeitsfläche

Arbeitszeit: 40 Minuten
Ruhezeit: 1 Stunde

1. Das Mehl in eine Schüssel sieben und eine Mulde hineindrücken. 125 Milliliter lauwarmes Wasser dazugießen und die zerbröckelte Hefe und den Zucker einrühren. Mit einer Gabel einen Vorteig rühren und an einem warmen Ort 30 Minuten gehen lassen.

2. Das Olivenöl, 1 Teelöffel Jodsalz, den Pfeffer und etwas Muskatnuss dazugeben und das Ganze zu einem glatten Teig verarbeiten. Den Teig mit einem Kochlöffel so lange schlagen, bis er Blasen wirft. Den Teig zugedeckt an einem warmen Ort gehen lassen, bis sich das Teigvolumen verdoppelt hat.

3. In der Zwischenzeit den Porree und die Paprikaschoten putzen, waschen und in feine Streifen schneiden. Den Mais gut abtropfen lassen und mit dem Gemüse vermischen. Die Eier in eine Schüssel geben und verschlagen. Die mit 1/4 Teelöffel Jodsalz zerriebenen, abgezogenen Knoblauchzehen und die Crème fraîche dazugeben und kräftig verrühren.

4. Den geriebenen Emmentaler und die gewaschenen und fein gehackten Kräuter untermischen, mit Jodsalz, Pfeffer, Muskat und einer Prise Cayennepfeffer kräftig würzen. Den Teig auf einer bemehlten Arbeitsfläche nochmals kräftig durcharbeiten und 1 Zentimeter dick ausrollen.

5. Den Teig mit einer Gabel mehrmals einstechen und in Ecken von etwa 10 Zentimeter Seitenlänge schneiden. Das Gemüse auf dem Teig verteilen und die Eier-Käse-Mischung darauf verteilen.

6. Die Gemüseecken nach und nach auf dem Pizzastein im Grill etwa 30 Minuten backen.

Sommerfrische auf den Tisch

Salate und Dressings

Ein reichhaltiges Salatbüfett ist das A und O einer jeden Grillparty. Ein knackiger Salat als Vorspeise regt den Appetit an und macht so richtig Lust auf die nachfolgenden Spezialitäten vom Grill. Frische Blattsalate, Rohkost, gehackte Kräuter und Dressings sollten Sie am besten getrennt auf den Tisch stellen, so

kann sich jeder Gast nach Lust und Laune seinen Salat zusammenstellen; und die Blattsalate fallen nicht schon nach einer halben Stunde zusammen. Die schwereren Salate aus Kartoffeln, Nudeln & Co. lassen sich dagegen bestens vorbereiten und schmecken meist nach einer gewissen »Standzeit« erst so richtig gut.

Kasselersalat mit Aprikosen und Pfirsichen

1. Die Aprikosen und die Pfirsiche kreuzweise einritzen, kurz mit kochendem Wasser überbrühen, abziehen, entkernen und das Fruchtfleisch in dünne Spalten schneiden. Die Salate verlesen, waschen, trockenschleudern und in mundgerechte Stücke zupfen. Den Rucola verlesen, waschen, trockenschwenken und die Blätter in Streifen schneiden.

2. Für das Dressing Joghurt und saure Sahne in einer Schüssel glatt rühren und mit Currypulver, Pfeffer aus der Mühle und wenig Jodsalz abschmecken.

3. Die Blattsalate auf vier Tellern verteilen, die Kasselerscheiben einrollen und dekorativ mit den Fruchtspalten darauf anrichten. Zum Schluss das Dressing darüber träufeln.

Zutaten für 4 Portionen

2 Aprikosen
2 Pfirsiche
1/2 Kopfsalat
1/2 Eissalat
50 g Rucola (Rauke)
200 g Joghurt
100 g saure Sahne
1/4 TL Currypulver
Pfeffer aus der Mühle
Jodsalz
400 g Kasseler in dünnen Scheiben

Gemüsesalat
mit Nudeln

Zutaten für 4 Portionen

1 rote Paprikaschote
1 gelbe Paprikaschote
2 Möhren
100 g Brokkoli
1 Kohlrabiknolle
Jodsalz
200 g Eiernudeln (z. B. Farfalle)
2 Tomaten
1 kleines Bund gemischte Kräuter (Schnittlauch, Petersilie, Basilikum, Thymian)
2 EL Weinessig
Pfeffer aus der Mühle
1 EL Limettensaft (oder Zitronensaft)
2 EL Mineralwasser
2 EL Weizenkeimöl

Zubereitungszeit: **35** *Minuten*

1. Die Paprikaschoten putzen, halbieren, entkernen, waschen und das Fruchtfleisch in feine Streifen schneiden. Die Möhren schälen und in dünne Scheiben schneiden. Den Brokkoli putzen, waschen und in kleine Röschen teilen. Den Strunk schälen und in kleine Würfel schneiden. Den Kohlrabi schälen und ebenfalls in kleine Würfel schneiden.

2. Das Gemüse in Salzwasser in etwa 5 Minuten bissfest garen. Inzwischen die Eiernudeln nach Packungsanweisung in reichlich Salzwasser bissfest kochen, abgießen und kalt abschrecken. Tomaten kurz mit kochendem Wasser überbrühen, häuten, entkernen und das Fruchtfleisch in feine Würfel schneiden.

3. Die Kräuter abbrausen und klein schneiden. Aus Weinessig, Jodsalz und Pfeffer aus der Mühle, Limettensaft, den Kräutern und dem Mineralwasser ein Dressing rühren und zum Schluss das Keimöl unterschlagen. Die Nudeln mit dem Gemüse vermischen und das Dressing unterheben.

Salat von weißen Bohnen mit Fleischwurst

1. Die Eier hart kochen, pellen und vierteln. Die Zwiebel abziehen und in feine Würfel schneiden. Die Fleischwurst pellen und in Würfel von etwa 1 Zentimeter Seitenlänge schneiden. Den Porree putzen, waschen und in feine Scheiben schneiden.

2. Fleischwurst, abgegossene und abgetropfte Bohnen, Zwiebel und Porree in einer Schüssel vermischen. Schnittlauch und Petersilie waschen, trockenschütteln, fein hacken und dazugeben.

3. Aus Apfelessig, Mineralwasser, Rapsöl, Jodsalz und Pfeffer eine Marinade rühren und mit dem Salat mischen. Zum Schluss abschmecken und dekorativ auf vier Tellern anrichten. Mit den geviertelten Eiern garnieren.

Zutaten für 4 Portionen

4 Eier
1 Zwiebel
400 g Fleischwurst
1 dünne Stange Porree
500 g weiße Bohnen (Konserve)
1/2 Bund Schnittlauch
1/2 Bund Petersilie
1 EL Apfelessig
1 EL Mineralwasser
2 EL Rapsöl
Jodsalz
Pfeffer aus der Mühle

Zubereitungszeit: 25 Minuten

Bunter Kartoffelsalat

1. Die Kartoffeln mit der Schale gründlich waschen und mit etwas Kümmel in Salzwasser 20 Minuten garen. Abgießen, etwas ausdampfen lassen, pellen und in dünne Scheiben schneiden. Die Paprikaschoten putzen, entkernen, waschen und in Streifen schneiden. Schinken und Salami ebenfalls in Streifen schneiden.

2. Die Zwiebel abziehen und in kleine Würfel schneiden. Den Schnittlauch waschen, trockenschütteln und in feine Röllchen schneiden.

3. Aus Kräuteressig, Jodsalz, Pfeffer aus der Mühle, der Gemüsebrühe, Senf und Rapsöl ein Dressing rühren und den Kartoffelsalat damit anmachen. Paprikaschoten, Schinken, Salami, Zwiebel und die Schnittlauchröllchen untermischen und kräftig abschmecken.

Zutaten für 4 Portionen

800 g Kartoffeln
1/4 TL Kümmel
Jodsalz
3 Paprikaschoten (rot, gelb, grün)
200 g gekochter Schinken
200 g Salami
1 Zwiebel
1/2 Bund Schnittlauch
2 EL Kräuteressig
Pfeffer aus der Mühle
200 ml Gemüsebrühe
1 TL scharfer Senf
2 EL Rapsöl

Zubereitungszeit: 35 Minuten

Erdbeer-Sauerrahm-Dressing

1. Die Erdbeeren putzen, waschen und klein schneiden. Die Petersilie kalt abbrausen, trockenschütteln und fein hacken. Die Radieschensprossen abbrausen und in einem Sieb abtropfen lassen.

2. Die saure Sahne und die Sahne in eine Schüssel geben und verrühren. Erdbeeren, Radieschensprossen und Petersilie dazugeben. Meerrettich und grüne Pfefferkörner zufügen und unterrühren. Das Dressing mit Jodsalz und Himbeeressig abschmecken.

Zutaten für 4 Portionen

4 Erdbeeren
2 Zweige Petersilie
2 EL Radieschensprossen
200 g saure Sahne
2 EL Sahne
1/2 TL geriebener Meerrettich (frisch oder aus dem Glas)
1/2 TL eingelegte grüne Pfefferkörner
Jodsalz
1 EL Himbeeressig

Zubereitungszeit: 15 Minuten

Tomaten-Apfelessig-Dressing

1. Die Zwiebel und die Knoblauchzehe abziehen und klein schneiden. Die Frühlingszwiebel putzen, waschen und in Röllchen schneiden. Die Tomaten überbrühen, häuten, entkernen und das Fruchtfleisch in Würfel schneiden.

2. Den Senf, das Sonnenblumenöl, den Apfelessig und den Weißwein in eine Schüssel geben und mit einem Schneebesen verrühren. Die Zwiebel, den Knoblauch und die Tomatenwürfel untermischen. Das Dressing mit etwas Jodsalz und Pfeffer aus der Mühle pikant abschmecken.

Zutaten für 4 Portionen

1 Zwiebel
1 Knoblauchzehe
1 Frühlingszwiebel
2 Tomaten
1 TL scharfer Senf
2 EL Sonnenblumenöl
1 EL Apfelessig
50 ml Weißwein
Jodsalz
Pfeffer aus der Mühle

Zubereitungszeit: 20 Minuten

Schalotten-Kräuter-Dressing

Zutaten für 4 Portionen

2 Schalotten
4 EL Mineralwasser
Jodsalz
2 EL Weißweinessig
Zucker
Pfeffer aus der Mühle
3 EL Keimöl
1 kleines Bund gemischte Kräuter (Petersilie, Schnittlauch, Dill, Kerbel)

Zubereitungszeit: 10 Minuten

1. Die Schalotten abziehen und fein würfeln. Das Mineralwasser mit etwas Jodsalz und dem Essig in einer Schüssel verrühren. Eine Prise Zucker und Pfeffer aus der Mühle dazugeben und mit einem Schneebesen rühren, bis sich Salz und Zucker aufgelöst haben.

2. Das Keimöl mit einem Schneebesen unter das Dressing schlagen. Die Kräuter kalt abbrausen, trockenschütteln und klein schneiden. Die Kräuter und die Schalottenwürfel unterrühren und das Dressing abschmecken.

Joghurt-Zitronen-Dressing

Zutaten für 4 Portionen

1 unbehandelte Zitrone
2 Zweige Zitronenmelisse
300 g Naturjoghurt
100 g saure Sahne
1 EL Apfelessig
Jodsalz
Puderzucker
Pfeffer aus der Mühle

Zubereitungszeit: 10 Minuten

1. Die Zitrone heiß abwaschen und trockenreiben. Die Schale fein abreiben, die Zitrone halbieren und den Saft auspressen. Die Zitronenmelisse kalt abbrausen, trockenschütteln, die Blättchen abzupfen und klein schneiden.

2. Den Joghurt und die saure Sahne in eine Schüssel geben und mit einem Schneebesen verrühren. Zitronensaft, Zitronenschale und Zitronenmelisse untermischen und das Dressing mit wenig Apfelessig, Jodsalz, einer Prise Puderzucker und Pfeffer aus der Mühle kräftig abschmecken.

Leicht und gesund

Fische und Meeresfrüchte

Bei keinem anderen Grillgut werden wohl so viele Urlaubserinnerungen wach wie beim Fisch. Das Schöne daran: Die Vielfalt an Fischen ist wahrlich international und lässt keine Wünsche offen. Lassen Sie Ihrer Phantasie freien Lauf, und probieren Sie ruhig das eine oder andere der nachfolgenden Rezepte mit einer anderen Fischsorte aus – keine

Angst, es gibt so gut wie keine Fischart, die nicht zum Grillen geeignet wäre. Unser Tipp: Lassen Sie sich doch einfach an der Fischtheke vom Fachpersonal beraten!

Grillkarpfen
mit Pfeffer-Honig-Glasur

1. Den Karpfen unter fließend kaltem Wasser abbrausen, mit Küchenpapier trockentupfen und mit Zitronensaft und einigen Tropfen Worcestersauce beträufeln. Den Karpfen innen und außen mit Jodsalz und Pfeffer aus der Mühle würzen.

2. Den Dill und den Estragon abbrausen, trockenschütteln, etwas zerpflücken und in den Karpfen füllen.

3. Für die Glasur in einer kleinen Schüssel die Gewürzpfeffermischung mit dem Honig, dem Essig und den Kräutern der Provence vermischen. Den Karpfen mit einem Messer mehrmals schräg einschneiden und mit der Glasur einstreichen.

4. Den Grill mit Rapsöl einpinseln, den Karpfen auf den Grill legen und bei mittlerer Hitze von beiden Seiten 10 bis 12 Minuten garen. Während der Garzeit öfter mit der Glasur bestreichen. Dazu passen Grillkartoffeln und ein gemischter Blattsalat.

Zutaten für 2 Portionen

1 küchenfertiger Karpfen (ca. 800 g)

1 EL Zitronensaft

Worcestersauce

Jodsalz

Pfeffer aus der Mühle

1/2 Bund Dill

1/2 Bund Estragon

2 EL geschroteter gewürzter Pfeffer

2 EL Honig

1 EL Apfelessig

1 EL Kräuter der Provence

1 EL Rapsöl

Zubereitungszeit: 30 Minuten

Marinierte Scampi
mit Curry-Mango-Sauce

Zutaten für 2 Portionen

10 Scampi (à 40 bis 50 g)
1 Knoblauchzehe
Jodsalz
2 EL Olivenöl
3 EL Mangochutney
1/2 TL Currypulver
1 TL Zitronensaft
1 TL grüne eingelegte Pfefferkörner

Arbeitszeit: 25 Minuten
Marinierzeit: 2–8 Stunden

1. Die Scampi unter kaltem Wasser abbrausen, mit Küchenpapier trockentupfen und mit einem scharfen Messer der Länge nach halbieren. Die Knoblauchzehe abziehen, mit etwas Jodsalz zerdrücken und mit dem Olivenöl verrühren. Die Scampi darin einige Stunden, am besten über Nacht, einlegen.

2. Für die Sauce das Mangochutney mit Currypulver, Zitronensaft und grünen Pfefferkörnern verrühren und beiseite stellen.

3. Die Scampi aus der Marinade nehmen, auf Küchenpapier leicht abtropfen lassen und auf einem Elektrogrill rasch einige Minuten bei großer Hitze von beiden Seiten etwa 5 Minuten grillen. Die Scampi mit der Curry-Mango-Sauce anrichten. Dazu passt Knoblauchbaguette.

Die Scampi vom Grill mit der raffinierten Curry-Mango-Sauce sind köstliche Appetithappen vorneweg.

Zanderfilet mit Meerrettichkruste

Zutaten für 2 Portionen

1 EL geriebener Meerrettich (frisch oder aus dem Glas)
2 EL Semmelbrösel
1 EL weiche Butter
2 Zweige Dill
Jodsalz
Pfeffer aus der Mühle
2 Zanderfilets (à 180 g)
1 EL Rapsöl

Zubereitungszeit: 25 Minuten

1. Für die Kruste den geriebenen Meerrettich, Semmelbrösel und die weiche Butter verrühren. Dill waschen, trockenschütteln, klein schneiden und dazugeben. Die Krustenmasse mit Jodsalz und Pfeffer aus der Mühle würzen.

2. Die Zanderfilets unter fließend kaltem Wasser abbrausen, mit Küchenpapier trockentupfen und von beiden Seiten mit Jodsalz und Pfeffer aus der Mühle würzen. Die Filets beidseitig mit Rapsöl einstreichen und die Krustenmasse einseitig auf die Zanderfilets streichen.

3. Die Zanderfilets mit der Krustenseite nach oben in einen elektrischen Kugelgrill legen, das Sichtfenster schließen und die Filets darin etwa 15 Minuten grillen lassen. Dazu passen Grillkartoffeln (Rezept Seite 24) oder Rösti (Rezept Seite 26) und gemischte Blattsalate mit einem Essig-Öl-Dressing.

Knusprige Kräuterforelle

Zutaten für 2 Portionen

2 frische Forellen (à ca. 250 g)
1 kleines Bund gemischte Kräuter (Schnittlauch, Petersilie, Dill, Kerbel)
1 Frühlingszwiebel
80 g Champignons
1 Knoblauchzehe
20 g Butter
Jodsalz
weißer Pfeffer
1 TL Rapsöl

Zubereitungszeit: 30 Minuten

1. Die Forellen unter fließend kaltem Wasser abbrausen und mit Küchenpapier trockentupfen. Die Kräuter waschen, trockenschütteln und fein hacken. Die Frühlingszwiebel und die Champignons putzen bzw. waschen und klein schneiden, den Knoblauch abziehen und klein schneiden oder durchpressen.

2. Kräuter, Zwiebel, Champignons und Knoblauch mit der Butter gut vermischen und mit Jodsalz und Pfeffer kräftig würzen.

3. Die Buttermischung in die Forellen füllen und die Forellen mit Holzspießchen oder Küchengarn gut verschließen. Die Forellen außen mit Jodsalz und Pfeffer würzen und mit etwas Rapsöl bestreichen.

4. Die gefüllten Forellen auf dem heißen Grill beidseitig etwa 10 Minuten braten. Am Anfang bei geringerer Hitze garen, und erst, nachdem die Forellen gar sind, Farbe nehmen lassen. Die Forellen auf Tellern anrichten.

Riesengarnelen mit gegrillten Tomatenscheiben

1. Die Riesengarnelen unter fließend kaltem Wasser abbrausen und den vielleicht noch vorhandenen schwarzen Darm entfernen: Dazu die Riesengarnelen am Rücken in der Mitte mit einem Messer vorsichtig einritzen. Den Darm mit den Fingern herausziehen. Die Riesengarnelen nochmals abbrausen und mit Küchenpapier trockentupfen.

2. Die Tomaten waschen und die Stielansätze herausschneiden. Die Tomaten in 1 Zentimeter dicke Scheiben schneiden. Den Knoblauch abziehen und durch eine Knoblauchpresse in eine Schüssel drücken. Basilikum und Rosmarin abbrausen, trockenschütteln, die Blättchen bzw. die Nadeln abzupfen, klein schneiden und zum Knoblauch geben.

3. Das Olivenöl zum Knoblauch geben und mit den Zutaten verrühren. Mit Jodsalz und Pfeffer aus der Mühle würzen. Die Riesengarnelen und die Tomatenscheiben nacheinander in dem Öl wenden, etwas abtropfen lassen und auf dem heißen Elektrogrill von jeder Seite 4 bis 5 Minuten grillen. Während der Grillzeit mit dem restlichen Öl bestreichen. Mit Knoblauchbaguette servieren.

Zutaten für 2 Portionen

8 geschälte Riesengarnelen (frisch oder tiefgekühlt)
2 Fleischtomaten
1 Knoblauchzehe
2 Zweige Basilikum
1 Rosmarinzweig
2 EL Olivenöl
Jodsalz
Pfeffer aus der Mühle

Zubereitungszeit: **20 Minuten**

Lachsscheiben
mit kross gegrillter Haut

Zutaten für 2 Portionen

2 Scheiben roher Lachs mit Haut, geschuppt (à 180 g)
Jodsalz
Pfeffer aus der Mühle
1 kleines Bund Dill
2 EL Rapsöl
4 Limettenscheiben zum Garnieren

Zubereitungszeit: **20 Minuten**

1. Die Lachsscheiben unter fließend kaltem Wasser abbrausen, evtl. noch vorhandene Gräten entfernen, den Fisch mit Küchenpapier trockentupfen und beidseitig leicht salzen und pfeffern. Den Dill abbrausen, trockenschütteln, klein hacken und mit dem Rapsöl verrühren. Den Fisch mit der Ölmischung bestreichen.

2. Den Elektrogrill aufheizen und die Lachsscheiben mit der Hautseite nach unten darauf legen. Zuerst auf der Hautseite kross grillen, dann wenden und die andere Seite in etwa 5 Minuten bei reduzierter Hitze fertig grillen. Anrichten und mit Limettenscheiben garnieren. Dazu passen Grillkartoffeln und Tomatensalat.

PREMIUM QUALITY

Lauter gute Stücke

Geflügel und Fleisch

Saftige Steaks, delikates Lamm, zartes Geflügel, internationale Spezialitäten und knackige Würstchen machen aus Ihrem Grillfest ein kleines kulinarisches Erlebnis. Lassen Sie sich beim Metzger ein besonders schönes Stück Fleisch geben, marinieren Sie es nach Herzenslust, und der Erfolg wird auf Ihrer Seite sein. Übrigens: Aus kaltem gegrilltem Fleisch, einigen Salatblättern und Tomatenscheiben und einem frischen Baguette lassen sich am »Tag danach« wahre Edelsandwiches zaubern…

Truthahnspieße mit Mango-Chili

Zutaten für 4 Portionen

1 reife Mango
1 rote Chilischote
2 Zwiebeln
1 EL Zitronensaft
Jodsalz
600 g Putenbrust
Pfeffer aus der Mühle
1 Zucchino
1 EL Sonnenblumenöl

Zubereitungszeit: 50 Minuten

1. Die Mango mit einem Sparschäler schälen, das Fruchtfleisch vom Kern schneiden und in kleine Würfel schneiden. Die Chilischote längs aufschneiden und die Kerne und den Stielansatz entfernen. Die Schote waschen und in sehr kleine Würfel schneiden oder hacken. 1 Zwiebel abziehen und ebenfalls in kleine Würfel schneiden. Mango, Chili und Zwiebel mit dem Zitronensaft verrühren, mit Jodsalz abschmecken und etwa 30 Minuten ziehen lassen.

2. Für die Spieße die Putenbrust in 16 möglichst gleich große Stücke schneiden und mit Pfeffer aus der Mühle würzen. Die zweite Zwiebel schälen, vierteln und die einzelnen Häute voneinander trennen. Den Zucchino putzen, waschen und in etwa 1 Zentimeter dicke Scheiben schneiden.

3. Die Putenwürfel abwechselnd mit den Zwiebeln und den Zucchinoscheiben auf vier Holzspieße stecken. Die Spieße mit Sonnenblumenöl bepinseln und auf einem Elektrogrill etwa 8 Minuten pro Seite grillen. Die Spieße anrichten und mit dem Mango-Chili umgießen. Dazu passt Baguette.

Exotische **Entenspieße**

Zutaten für 2 Portionen

320 g Entenbrust ohne Haut
2 rote Paprikaschoten
1 kleine Ananas
Jodsalz
Pfeffer aus der Mühle
1 TL Rapsöl

Zubereitungszeit: **30 Minuten**

1. Die Entenbrust unter fließend kaltem Wasser abbrausen, mit Küchenpapier trockentupfen und in möglichst gleich große, mundgerechte Würfel schneiden.

2. Die Paprikaschoten putzen, entkernen, waschen und in 3 mal 3 Zentimeter große Stücke schneiden. Die Ananas schälen, vierteln, das Fruchtfleisch vom harten Mittelstrunk schneiden und ebenfalls in Stücke schneiden.

3. Die Entenbrustwürfel abwechselnd mit den Paprikaschoten und den Ananasstücken auf vier Holzspieße stecken. Mit wenig Jodsalz und Pfeffer aus der Mühle würzen und mit Rapsöl rundherum bestreichen. Die Entenspieße auf dem Elektrogrill in etwa 15 Minuten rundherum knusprig grillen. Dazu passt Baguette.

Tipp

Dieses Gericht können Sie auch mit Puten- oder Hähnchenbrust herstellen. Wer mag, würzt die Spieße zusätzlich mit Cayennepfeffer oder mit Currypulver und frisch geriebenem Ingwer.

Hähnchenbrust *auf Sommersalaten*

1. Die Hähnchenbrust unter fließend kaltem Wasser abbrausen und mit Küchenpapier trockentupfen. Anschließend in Frischhaltefolie wickeln und im Gefrierfach in etwa 30 Minuten anfrosten lassen.

2. Inzwischen die Salate verlesen, waschen und in einem Sieb abtropfen lassen. Radieschen, Champignons und Frühlingszwiebeln putzen, waschen und in dünne Scheiben schneiden. Den Schnittlauch waschen, trockenschütteln und in Röllchen schneiden.

3. Aus Aceto Balsamico, 1 Esslöffel Olivenöl, Jodsalz und Pfeffer aus der Mühle ein Dressing rühren. Den Schnittlauch und die Frühlingszwiebeln darunter mischen.

4. Die Hähnchenbrust aus dem Gefrierfach nehmen, aus der Folie wickeln und in dünne Scheiben schneiden. Mit Jodsalz und Pfeffer aus der Mühle würzen. Mit dem restlichen Olivenöl bepinseln und auf dem Elektrogrill bei großer Hitze von beiden Seiten etwa 2 Minuten grillen.

5. Die Salate dekorativ auf Tellern anrichten und mit dem Dressing beträufeln. Die Hähnchenscheiben darauf geben. Dazu passt Kräuterbutter-Baguette.

Zutaten für 2 Portionen

320 g Hähnchenbrust (ohne Haut)

200 g Sommersalate nach Wahl (Kopfsalat, Eissalat, Lollo Rosso, Eichblattsalat)

6 Radieschen

2 Champignons

2 Frühlingszwiebeln

1/2 Bund Schnittlauch

2 EL Aceto Balsamico

2 EL Olivenöl

Jodsalz

Pfeffer aus der Mühle

Zubereitungszeit: 40 Minuten

Spareribs & Chicken wings

1. Die Spareribs und die Hähnchenflügel unter fließend kaltem Wasser abbrausen und mit Küchenpapier trockentupfen. Aus Ketchup, Ahornsirup, einigen Tropfen Worcestersauce und Obstessig eine Marinade rühren und mit Senf, etwas Tabasco, Jodsalz und Pfeffer abschmecken.

2. Die Spareribs und die Hähnchenflügel dünn (am besten mit einem Pinsel) mit der Sauce bestreichen und zugedeckt etwa 1 Stunde ziehen lassen. Zuerst die Spareribs auf den heißen, mit Olivenöl bestrichenen Elektrogrill legen.

3. Nach etwa 10 Minuten die Hähnchenflügel dazugeben. Je nach Größe weitere 20 bis 25 Minuten grillen. Dabei mehrmals wenden und immer wieder mit der restlichen Marinade bestreichen, bis die Spareribs und die Chicken wings eine schöne knusprige Kruste haben. Dazu passen gegrillte Kartoffelscheiben und Blattsalate in Kräuterdressing.

Zutaten für 4 Portionen

800 g Spareribs (vom Metzger in einzelne Rippen zerteilt)
8 Hähnchenflügel (Chicken wings)
100 g Tomatenketchup
1 EL Ahornsirup
Worcestersauce
1 EL Obstessig
1 TL scharfer Senf
Tabasco
Jodsalz, Pfeffer
1 EL Olivenöl

Arbeitszeit:* 45 *Minuten
Marinierzeit:* 1 *Stunde

Barbecue-Spaß wie im Wilden Westen mit Spareribs und Chicken wings.

Kalbshaxenscheiben aus dem Kugelgrill

Zutaten für 2 Portionen

2 Kalbshaxenscheiben (à 200 g)
Jodsalz
Pfeffer aus der Mühle
1 TL Rapsöl
50 g Champignons
50 g grüne Bohnen
1 Zucchino
200 g Paprikaschoten (rot, gelb, grün)
1 Zwiebel
1 EL Kräuterbutter

Zubereitungszeit: 50 *Minuten*

1. Die Kalbshaxenscheiben kalt abbrausen, mit Küchenpapier trockentupfen und von beiden Seiten mit Jodsalz und Pfeffer aus der Mühle würzen und mit Rapsöl bestreichen.

2. Die Haxenscheiben auf den Rost legen und im geschlossenen Elektro-Kugelgrill von beiden Seiten etwa 40 Minuten grillen. Ab und zu wenden und wenn notwendig mit Rapsöl bestreichen.

3. Inzwischen die Champignons putzen und vierteln. Die Bohnen und den Zucchino putzen und waschen. Die Paprikaschoten putzen, entkernen und waschen. Die Zwiebel abziehen. Alles in mundgerechte Stücke schneiden.

4. Die elektrische Party-Pfanne erhitzen, die Kräuterbutter darin zerlassen und das Gemüse dazugeben. Mit Jodsalz und Pfeffer aus der Mühle würzen und etwa 20 Minuten garen. Die gegrillten Haxenscheiben anrichten und das Pfannengemüse darüber verteilen. Dazu passen Grillkartoffeln (Rezept Seite 24) und eine Kräuter-Champignon-Sauce (Rezept Seite 13).

Schweinebauchscheiben mit pikanter Kruste

Zutaten für 4 Portionen

8 dünne Schweinebauchscheiben à 90 g
Jodsalz, Kümmel
Pfeffer aus der Mühle
2 EL Sonnenblumenöl
50 g Johannisbeergelee (rot)
1 EL geriebener Meerrettich (frisch oder aus dem Glas)
2 EL Tomatenketchup
1/2 TL Currypulver
2 cl Johannisbeerlikör
Cayennepfeffer
Tabasco

Zubereitungszeit: 20 *Minuten*

1. Die Fleischscheiben unter fließend kaltem Wasser abbrausen und mit Küchenpapier trockentupfen. Das Fleisch leicht klopfen und mit Jodsalz, Kümmel und Pfeffer aus der Mühle würzen.

2. Die Fleischscheiben mit etwas Sonnenblumenöl bestreichen, auf den heißen Elektrogrill legen und von beiden Seiten etwa 15 Minuten grillen.

3. In der Zwischenzeit das Johannisbeergelee mit dem Meerrettich, Tomatenketchup, Currypulver und dem Johannisbeerlikör in eine Schüssel geben und glatt rühren. Mit Jodsalz, Pfeffer, einer Prise Cayennepfeffer und etwas Tabasco feurig abschmecken.

4. Kurz vor Garende die Mischung gleichmäßig auf die Fleischscheiben streichen und diese bis zum gewünschten Garpunkt grillen. Dazu passen Kümmel-Bratkartoffeln (Rezept Seite 27) und eine Meerrettich-Apfel-Sauce (Rezept Seite 13).

Balsamico-Lammkoteletts

1. Die Lammkoteletts kurz waschen und mit Küchenpapier trockentupfen. Die Ränder der Koteletts mit einem spitzen Messer einschneiden. Den Rosmarin waschen, die Nadeln abzupfen und klein schneiden.

2. Für die Marinade Aceto Balsamico mit Olivenöl, Rotwein und Rosmarin vermischen und mit Jodsalz und Pfeffer aus der Mühle würzen. Die Lammkoteletts in eine flache Schüssel legen und mit der Marinade begießen. Zugedeckt etwa 2 Stunden ziehen lassen und dabei mehrmals wenden.

3. Die Lammkoteletts aus der Marinade nehmen, etwas abtupfen und das Fleisch auf den heißen Elektrogrill legen. Die Koteletts von jeder Seite 5 bis 7 Minuten grillen. Dazu passen Grillkartoffeln.

Zutaten für 4 Portionen

4 doppelte Lammkoteletts (à 180 g)
1 Rosmarinzweig
2 EL Aceto Balsamico
3 EL Olivenöl
2 EL Rotwein
Jodsalz
Pfeffer aus der Mühle

Arbeitszeit: 20 Minuten
Marinierzeit: 2 Stunden

Rinderfiletscheiben mit Tomaten-Mozzarella-Pesto

1. Die Tomaten kurz mit kochendem Wasser überbrühen, häuten, entkernen und das Fruchtfleisch in feine Würfel schneiden. Mozzarella unter kaltem Wasser abbrausen, mit Küchenpapier trockentupfen und ebenfalls in kleine Würfel schneiden.

2. Die Knoblauchzehe abziehen und mit wenig Jodsalz fein zerdrücken. Basilikumblätter waschen, trockenschütteln, in feine Streifen schneiden und mit den Tomatenwürfeln und dem Mozzarella vermischen. Aus Aceto Balsamico, dem Knoblauch, 1 Esslöffel Olivenöl und Pfeffer aus der Mühle eine Marinade rühren. Die Tomatenmischung damit anmachen und mit Jodsalz und Pfeffer aus der Mühle abschmecken.

3. Das Rinderfilet kalt abbrausen, trockentupfen und in 4 Scheiben schneiden. Leicht klopfen und mit Jodsalz und Pfeffer aus der Mühle von beiden Seiten würzen.

4. Die Filetscheiben mit dem restlichen Olivenöl bestreichen und von beiden Seiten etwa 4 Minuten auf einem heißen Elektrogrill grillen. Die Filetscheiben anrichten und mit dem Pesto übergießen. Dazu passt Baguette.

Info

Rindfleisch mit seinem hohen Vitamin-B-Gehalt erhält die Konzentrations- und Leistungsfähigkeit.

Zutaten für 2 Portionen

2 Fleischtomaten
1 Kugel Mozzarella (125 g)
1 Knoblauchzehe
Jodsalz
4 Zweige frisches Basilikum
2 EL Aceto Balsamico
2 EL Olivenöl
Pfeffer aus der Mühle
320 g Rinderfilet

Zubereitungszeit: 25 Minuten

Marinierte Hüftsteaks
mit Barbecuesauce

1. Die Rinderhüfte unter fließend kaltem Wasser abbrausen und mit Küchenpapier trockentupfen. In einer flachen Form aus Rapsöl, zerdrückten Wacholderbeeren und Pfefferkörnern, zerhackten Lorbeerblättern und 1 abgezogenen und zerkleinerten Knoblauchzehe eine Marinade rühren. Die Hüftscheiben darin über Nacht zugedeckt einlegen.

2. Für die Barbecuesauce die Paprikaschoten putzen, entkernen, waschen und in kleine Würfel schneiden. Die Zwiebel abziehen und fein würfeln. Frühlingszwiebeln putzen, waschen und in dünne Scheiben schneiden. Die Zwiebel und die Paprikaschoten in etwas Fleischmarinade anbraten und die passierten Tomaten dazugeben. Mit Currypulver, Jodsalz und Pfeffer abschmecken.

3. Die Hüftscheiben aus der Marinade nehmen, das Öl mit Küchenpapier etwas abtupfen und das Fleisch auf dem Grill von beiden Seiten etwa 6 Minuten grillen. Zum Schluss salzen.

4. Die Hüftsteaks anrichten und mit der Barbecuesauce übergießen. Dazu passen Baguette und grüne Bohnen, bissfest gegart, gebündelt, mit Speckscheiben umwickelt und anschließend kurz gegrillt.

Zutaten für 2 Portionen

2 Steaks aus der Rinderhüfte (à 160 bis 180 g)
150 ml Rapsöl
4 Wacholderbeeren
1/2 TL Pfefferkörner
2 Lorbeerblätter
2 Knoblauchzehen
1 rote Paprikaschote
1 gelbe Paprikaschote
1 kleine Zwiebel
2 Frühlingszwiebeln
300 g passierte Tomaten (Fertigprodukt)
1/4 TL Currypulver
Jodsalz
Pfeffer aus der Mühle

Arbeitszeit: 20 Minuten
Marinierzeit: 8 Stunden

Pfeffrige Schweinerückensteaks mit Salat

Zutaten für 2 Portionen

4 Scheiben Schweinerücken (ausgelöstes Kotelett, à 80 g)
1/2 TL gewürzter, geschroteter Pfeffer
1 EL Rapsöl
Jodsalz
3 Paprikaschoten (rot, gelb, grün)
8 Radieschen
1/2 Zucchino
200 g Blattsalate (Kopfsalat, Eichblattsalat, Eissalat)
1/2 Bund Schnittlauch
1/2 Bund Petersilie
2 EL Aceto Balsamico
1 EL Obstessig
2 EL Keimöl
Pfeffer aus der Mühle

Zubereitungszeit: **30 Minuten**

1. Die Fleischscheiben unter fließend kaltem Wasser abbrausen, mit Küchenpapier trockentupfen und von beiden Seiten mit gewürztem Pfeffer einreiben.

2. Die Rückensteaks auf eine mit Rapsöl bepinselte Grillplatte legen und 10 bis 15 Minuten grillen. Zum Schluss salzen.

3. Die Paprikaschoten putzen, entkernen, waschen und in mundgerechte Stücke schneiden. Die Schoten leicht salzen und mitgrillen. Radieschen und Zucchino putzen, waschen und in Scheiben hobeln oder schneiden. Blattsalate verlesen, waschen, trockenschleudern und mit den Radieschen- und Zucchinoscheiben vermischen.

4. Die Kräuter waschen, trockenschütteln und fein hacken. Aus Aceto Balsamico, Obstessig, Keimöl, Jodsalz und Pfeffer ein Dressing rühren und mit Schnittlauchröllchen und gehackter Petersilie verfeinern. Die vorbereiteten Salatzutaten damit anmachen und den Salat abschmecken.

5. Den Salat auf Tellern anrichten und die Rückensteaks und die Paprikastücke dazusetzen. Dazu passt Knoblauchbaguette.

Cevapcici

1. Das Hackfleisch mit dem Lammhack in eine Schüssel geben und gut vermischen. Die Knoblauchzehen abziehen und durch eine Knoblauchpresse zum Hack drücken. Die Zwiebel abziehen, fein würfeln und dazugeben.

2. Die Masse mit Oregano, Thymian, Majoran, Jodsalz und Pfeffer aus der Mühle kräftig würzen. Die Masse gut durchkneten und kleine Würstchen daraus formen. Diese mit Olivenöl einstreichen und auf dem heißen Elektrogrill rundherum etwa 15 bis 20 Minuten grillen.

3. Inzwischen die rote Zwiebel abziehen und in feine Ringe schneiden oder hobeln. Die Paprikaschoten putzen, entkernen, waschen und in kleine Würfel schneiden. Die Cevapcici anrichten und mit den rohen Zwiebelringen und den Paprikawürfeln servieren.

Tipp

Hackfleisch ist vielfältig zu verwenden: gekocht, gebraten, überbacken, gegrillt und als Füllung – warm oder kalt serviert. Herstellung und Verkauf von Hackfleisch unterliegen in Deutschland strengen gesetzlichen Bestimmungen. Rinderhack wird aus entsehntem Rindfleisch hergestellt und enthält maximal 20 Prozent Fett.

Zutaten für 4 Portionen

500 g gemischtes Hackfleisch
300 g Lammhackfleisch
2 Knoblauchzehen
1 Zwiebel
1 EL Oregano
1 TL Thymian
1 TL Majoran
Jodsalz
Pfeffer aus der Mühle
2 EL Olivenöl
1 rote Zwiebel
1 rote Paprikaschote
1 grüne Paprikaschote

Zubereitungszeit: 30 Minuten

Bunte Würstelspieße

Zutaten für 4 Portionen

2 Zwiebeln

3 Paprikaschoten (rot, gelb, grün)

28 kleine Nürnberger Rostbratwürstchen

Jodsalz

Pfeffer aus der Mühle

2 TL Rapsöl

Zubereitungszeit: **30 Minuten**

1. Die Zwiebeln abziehen, vierteln und in einzelne Häute brechen. Die Paprikaschoten putzen, halbieren, entkernen, waschen, gut abtropfen lassen und in mundgerechte Stücke schneiden.

2. Die Bratwürstchen abwechselnd mit den Zwiebeln und den Paprikastückchen auf vier Holzspieße stecken. Diese leicht salzen und pfeffern. Anschließend mit Rapsöl bestreichen und auf dem heißen Elektrogrill von beiden Seiten bei mittlerer Hitze 15 bis 20 Minuten grillen.

3. Die Würstchenspieße während der Garzeit öfter wenden und wenn nötig mit Rapsöl bepinseln. Dazu passt ein feuriger Tomatendip (Rezept Seite 19), Krautsalat und Landbrot.

Ohne Fleisch geht's auch

Vegetarisches vom Grill

Ob Vegetarier oder Gemüsefan aus Überzeugung – hier kommen alle auf ihre Kosten, die mit Fleisch und Fisch nicht zu locken sind. Und auch die Kalorienbewussten werden an den nachfolgenden Rezepten ihre besondere Freude haben. Gemüsescheiben oder -stücke, bunt gemischt und zu hübschen Spießchen

aufgesteckt, profitieren beim Grillen besonders von den entstehenden Röststoffen. Damit die Angelegenheit nicht zu trocken wird, sollten Sie Kräuterbutter und Dips unbedingt in Reichweite stellen.

Pilzspießchen mit Maiskolben

1. Die Maiskolben waschen und in kochendem Salzwasser zugedeckt bei mittlerer Hitze etwa 10 Minuten kochen lassen. Den Mais herausnehmen und abtropfen lassen.

2. Die Champignons mit Küchenpapier abreiben und die Stiele abschneiden. Vier Holzspieße mit etwas Öl einreiben und die Champignons darauf stecken. Die Pilze mit dem Zitronensaft beträufeln, salzen und pfeffern.

3. Den Mais und die Champignonspieße mit dem restlichen Olivenöl bepinseln und auf dem heißen Elektrogrill bei mittlerer Hitze 8 bis 10 Minuten grillen. Dabei ab und zu wenden und wenn nötig mit Olivenöl bepinseln.

Tipp

Schnelle Zwiebelsauce zu Gemüsespießen: Dazu 500 Gramm Zwiebeln abziehen und in dünne Streifen schneiden. In einem Esslöffel Olivenöl weich braten und mit 200 Gramm Sahne ablöschen. Einmal aufkochen lassen und mit Jodsalz, Pfeffer, etwas Anis und Apfelessig sowie einer Prise Zucker abschmecken.

Zutaten für 4 Portionen

4 Maiskolben
Jodsalz
400 g mittelgroße Champignons
2 EL Olivenöl
1 EL Zitronensaft
Pfeffer aus der Mühle

Zubereitungszeit: 25 Minuten

Auberginenspieße mit Paprika und Zwiebeln

Zutaten für 4 Portionen

1 mittelgroße Aubergine
Jodsalz
1 EL Zitronensaft
Worcestersauce
1 rote Paprikaschote
1 grüne Paprikaschote
2 Zwiebeln
2 EL Olivenöl
100 g Tomatenketchup
2 EL Johannisbeergelee
1 EL Obstessig
1/2 TL Currypulver
Pfeffer aus der Mühle

Zubereitungszeit: **25 Minuten**

1. Die Aubergine putzen, waschen und in mundgerechte Würfel schneiden. Die Auberginenwürfel mit Jodsalz bestreuen und 10 Minuten ziehen lassen. Anschließend unter fließendem Wasser abbrausen und gut abtropfen lassen. Die Auberginenwürfel mit Zitronensaft und etwas Worcestersauce beträufeln und bereitstellen.

2. Die Paprikaschoten halbieren, entkernen, waschen und ebenfalls in mundgerechte Stücke schneiden. Die Zwiebeln schälen und vierteln. Auberginenwürfel, Paprikaschoten und Zwiebeln abwechselnd auf vier Holzspieße stecken und dünn mit etwas Olivenöl bestreichen.

3. Die Gemüsespieße auf den heißen Elektrogrill legen und bei mittlerer Hitze rundherum etwa 5 Minuten grillen.

4. In der Zwischenzeit Tomatenketchup mit dem Johannisbeergelee und dem Obstessig sowie dem Currypulver glatt rühren, mit Jodsalz und Pfeffer aus der Mühle würzen und die Auberginenspieße 2 Minuten vor Garende damit einstreichen.

Gemüsespieße mit gegrillten Kartoffeln

1. Die Paprikaschoten putzen, vierteln, entkernen, waschen und das Fruchtfleisch in Stücke schneiden. Den Zucchino putzen, waschen und ebenfalls in mundgerechte Stücke schneiden.

2. Die Zwiebeln abziehen und vierteln. Die Champignons mit Küchenpapier abreiben und kurz in Salzwasser blanchieren. Paprikaschoten, Zucchino, Zwiebeln und Champignons abwechselnd auf vier Holzspieße stecken.

3. Thymian und Rosmarin waschen und trockenschütteln. Die Blättchen bzw. Nadeln von den Zweigen zupfen, klein hacken, mit dem Olivenöl verrühren und mit Jodsalz und Pfeffer würzen.

4. Die Kartoffeln mit der Schale unter fließendem Wasser gründlich waschen und in zentimeterdicke Scheiben schneiden.

5. Die Gemüsespieße und die Kartoffelscheiben mit dem Würzöl bestreichen und rundherum auf dem heißen Grill 10 bis 15 Minuten garen. Zum Schluss die Kartoffeln und die Gemüsespieße leicht mit Knoblauchsalz bestreuen und servieren.

Tipp

Zu den gegrillten Gemüsespießen passen auch Kartoffelrösti oder Grillkartoffeln. Dazu sollten Sie unbedingt selbst gemachte Gurken-Knoblauch-, Kräuter-Sauerrahm- oder Tomaten-Paprika-Cream (Rezepte Seite 25) servieren.

Zutaten für 2 Portionen

3 Paprikaschoten (rot, gelb, grün)
1 Zucchino
2 Zwiebeln
8 Champignonköpfe
Jodsalz
1 Zweig Thymian
1 Zweig Rosmarin
2 EL Olivenöl
Pfeffer aus der Mühle
2 große Kartoffeln
Knoblauchsalz

Zubereitungszeit: 20 Minuten

Buttergemüse *aus der Party-Pfanne*

1. Die Möhren putzen, schälen und in dünne Scheiben schneiden. Die Zucchini und die Aubergine putzen, waschen und ebenfalls in Scheiben schneiden. Die Paprikaschoten putzen, entkernen, waschen und das Fruchtfleisch in mundgerechte Stücke schneiden.

2. Die Zwiebel abziehen und in feine Streifen schneiden. Die Petersilie abbrausen, trockenschütteln und fein hacken.

3. Die Kräuterbutter in der Party-Pfanne erhitzen und die Zwiebelstreifen darin glasig braten. Das vorbereitete Gemüse dazugeben und unter Rühren von allen Seiten etwa 10 Minuten braten. Zum Schluss mit gehackter Petersilie, Jodsalz, Pfeffer aus der Mühle und einer Prise Zucker würzen.

Tipp

Mit anderen Sommergemüsen wie Fenchel, Staudensellerie, Mangold und grünem Spargel können Sie das Buttergemüse nach Belieben abwandeln. Knoblauchfans ersetzen die Kräuterbutter durch Knoblauchbutter!

Zutaten für 4 Portionen

400 g Möhren
2 Zucchini
1 Aubergine
1 rote Paprikaschote
1 gelbe Paprikaschote
1 Zwiebel
1/2 Bund Petersilie
2 EL Kräuterbutter
Jodsalz
Pfeffer aus der Mühle
Zucker

Zubereitungszeit: 20 Minuten

Grünkernbratlinge
mit Kapern

Zutaten für 4 Portionen

200 g Grünkern
Jodsalz
1 Zwiebel
3 Eier
1 EL Kapern
Pfeffer aus der Mühle
frisch geriebene Muskatnuss
Cayennepfeffer
1 Bund gemischte Kräuter (Petersilie, Schnittlauch)
100 g Semmelbrösel
1 Knoblauchzehe
2 EL Olivenöl

Zubereitungszeit: **35 Minuten**

1. Den Grünkern in einem Sieb waschen, gut abtropfen lassen und in Salzwasser etwa 15 Minuten bissfest garen, abgießen und auskühlen lassen. Die Zwiebel abziehen, klein schneiden und mit den Eiern und den gut abgetropften Kapern darunter mischen.

2. Die Grünkernmasse mit Jodsalz, Pfeffer und je einer Prise Muskat und Cayennepfeffer abschmecken. Petersilie und den Schnittlauch waschen, trockenschütteln, klein schneiden und mit den Semmelbröseln dazugeben. Das Ganze zu einer glatten, kompakten Masse verarbeiten und nochmals abschmecken.

3. Mit feuchten Händen acht Bratlinge formen und bereitstellen. Den Knoblauch abziehen und mit dem Olivenöl vermischen. Die Bratlinge damit von beiden Seiten einstreichen und auf dem heißen Grill bei mittlerer Hitze von beiden Seiten etwa 10 Minuten grillen. Dazu passt eine aufgeschlagene Kräutersauce (Rezept Seite 15).

Info

Grünkern ist unreif geernteter Dinkel. Die Getreidekörner werden »gedarrt«, d. h. nach der Ernte getrocknet, und bekommen dabei ihr besonderes herzhaft-würziges Aroma.

Heiße Verführung

Süße Früchtchen und mehr

Nichts ist unmöglich! Sicher, beim Grillen denkt man nun in erster Linie an Pikantes und nicht an süßes Obst. Doch gegrilltes Obst sollten Sie sich in keinem Fall entgehen lassen. Denken Sie doch nur an die vielen köstlichen Dessertkreationen, die mit dem reizvollen Gegensatz heiß und eiskalt spielen. Und genau auf solche Köstlichkeiten werden Sie auf den folgenden Seiten stoßen.

Ausgereift und damit voll aromatisch sollte das Obst sein, das Sie verwenden. Weiche, sehr saftige Obstsorten und Beeren sind leider nicht geeignet.

Ananas- und Apfelscheiben mit Vanilleeis

1. Die Ananas oben und unten abschneiden und dick abschälen. Die Ananas der Länge nach vierteln, den harten Mittelteil herausschneiden und das Fruchtfleisch in etwa 2 Zentimeter dicke Scheiben schneiden.

2. Die Äpfel mit einem Apfelausstecher entkernen, schälen und ebenfalls in 2 Zentimeter dicke Scheiben schneiden. Den Grill leicht mit Rapsöl einstreichen und die Früchte darauf etwa 5 Minuten von beiden Seiten grillen. Inzwischen den Honig mit den gehackten Nüssen verrühren und beiseite stellen.

3. Das Vanilleeis auf vier Teller verteilen. Die gegrillten Früchte dekorativ dazu anrichten und mit der Nuss-Honig-Masse bestreichen. Mit je 1 gewaschenen Zitronenmelissezweig garnieren und sofort servieren.

Zutaten für 4 Portionen

1 kleine Ananas
2 Äpfel
1 TL Rapsöl
2 EL Honig
2 EL gehackte Walnüsse
4 Kugeln Vanilleeis
4 Zweige Zitronenmelisse

Zubereitungszeit: 20 Minuten

Heiße Feigen aus dem Kugelgrill

1. Die Feigen waschen, den Stielansatz entfernen und die Feigen oben kreuzweise einschneiden. Die Feigen mit etwas Rapsöl einpinseln und anschließend im geschlossenen Kugelgrill bei mittlerer Hitze etwa 10 Minuten grillen.

2. Inzwischen die Erdbeeren putzen, waschen, klein schneiden und mit dem Stabmixer fein pürieren. Das Fruchtpüree mit dem Puderzucker süßen und den Likör untermischen.

3. Die Feigen aus dem Kugelgrill nehmen, auf Tellern anrichten und mit je 1 kleinen Kugel Vanilleeis füllen. Die Erdbeerfruchtsauce darüber gießen und mit je 1 Limettenscheibe garnieren.

Zutaten für 4 Portionen

8 große Feigen
1 TL Rapsöl
250 g Erdbeeren
2 EL Puderzucker
2 cl Pfirsichlikör
8 kleine Kugeln Vanilleeis
4 Limettenscheiben

Zubereitungszeit: 20 Minuten

Gegrillte Zwetschgen
auf Vanillesauce

Zutaten für 4 Portionen

20 Zwetschgen
80 g Marzipanrohmasse
2 cl Rum
2 EL Puderzucker
1 EL Rapsöl
200 ml Vanillesauce (Fertigprodukt)
4 Pfefferminzzweige

Zubereitungszeit: 30 Minuten

1. Die Zwetschgen waschen, trockenreiben, halbieren und entkernen. Die Marzipanrohmasse mit dem Rum und dem Puderzucker verkneten und die Zwetschgen damit füllen.

2. Die gefüllten Zwetschgen auf vier Holzspieße stecken, mit dem Rapsöl einstreichen und von beiden Seiten etwa 15 Minuten grillen.

3. Die Vanillesauce auf Teller verteilen. Zum Schluss den Zwetschgenspieß dazugeben und mit je 1 Zweig gewaschener Pfefferminze garnieren.

Wenn Sie möchten, können Sie zu den gegrillten Zwetschgen noch Schokoladeneis servieren.

Grilläpfel aus dem Kugelgrill

1. Die Äpfel waschen und mit einem Apfelausstecher entkernen. Die Löffelbiskuits in eine Schüssel bröseln und mit dem Zucker und dem Honig vermischen. Die Haselnüsse fein hacken und mit den Rosinen dazugeben. Das Ganze gut verrühren.

2. Die Butter zerlassen. Die Äpfel mit der Masse füllen und mit flüssiger Butter bestreichen. Anschließend im geschlossenen Kugelgrill bei mittlerer Hitze 15 bis 20 Minuten grillen.

3. Das Walnusseis auf Teller verteilen und die gegrillten Äpfel dazusetzen. Mit gewaschener Pfefferminze garnieren und den Puderzucker darüber sieben.

Tipp

Zum Grillen eignen sich die kleinen Cox-Orange-Äpfel mit ihrem intensiven Geschmack besonders gut. Alternativ können Sie für die Füllung auch kleine Amarettini (italienisches Mandelgebäck) zerbröseln und statt der Haselnüsse geschälte Mandeln verwenden.

Zutaten für 4 Portionen

8 kleine Äpfel
4 Löffelbiskuits
2 EL Zucker
2 EL Honig
4 EL Haselnüsse
2 EL Rosinen
2 EL Butter
4 Kugeln Walnusseis
4 Pfefferminzzweige
1 EL Puderzucker

Zubereitungszeit: 35 Minuten

Gefüllte Pfirsiche
auf Kiwisauce

Zutaten für 4 Portionen

4 große Pfirsiche
1 TL Rapsöl
4 Kiwis
2 EL Honig
4 Kugeln Erdbeereis
1 EL gestiftelte Mandeln

Zubereitungszeit: 20 Minuten

1. Die Pfirsiche kurz mit kochendem Wasser überbrühen, abziehen, halbieren und den Kern entfernen. Den heißen Elektrogrill mit wenig Rapsöl einpinseln und die Pfirsiche darauf von beiden Seiten etwa 10 Minuten grillen.

2. Inzwischen die Kiwis schälen, cen harten Blütenansatz entfernen und das Fruchtfleisch klein schneicen. Die Kiwis mit dem Stabmixer pürieren und den Honig darunter rühren.

3. Je 1 Kugel Erdbeereis auf die Teller verteilen und die gegrillten Pfirsichhälften daneben anrichten. Mit der Kiwisauce umgießen und die Mandelstifte darüber streuen.

Fruchtspieße mit Zitronensorbet

Zutaten für 4 Portionen

2 Kiwis
1 Mango
1 kleine Zuckermelone
1 TL Rapsöl
2 EL Honig
4 Kugeln Zitronensorbet
4 Pfefferminzzweige

Zubereitungszeit: 20 Minuten

1. Kiwis schälen und vierteln. Mango schälen und das Fruchtfleisch in großen Stücken vom Kern schneiden. Die Zuckermelone ebenfalls schälen, entkernen und in große Stücke schneiden.

2. Die Früchte abwechselnd auf vier Holzspieße stecken. Die Grillplatte leicht mit Rapsöl einstreichen und die Spieße darauf von beiden Seiten etwa 10 Minuten grillen. Inzwischen den Honig glatt rühren und beiseite stellen.

3. Das Zitronensorbet auf vier Teller verteilen. Die gegrillten Fruchtspieße dazu anrichten und mit dem Honig bestreichen. Mit je 1 gewaschenen Zweig Pfefferminze garnieren und sofort servieren.

Tipp

Sorbet ist eine dickflüssige, halbgefrorene Speiseeiszubereitung auf der Basis von Fruchtsäften und Zuckersirup. Es hat Ähnlichkeit mit Fruchteis, enthält aber keinerlei Milchbestandteile (z.B. Sahne). Teilweise wird dem Sorbet Alkohol in Form von Wein, Schaumwein oder Likör zugesetzt.

Rezeptregister

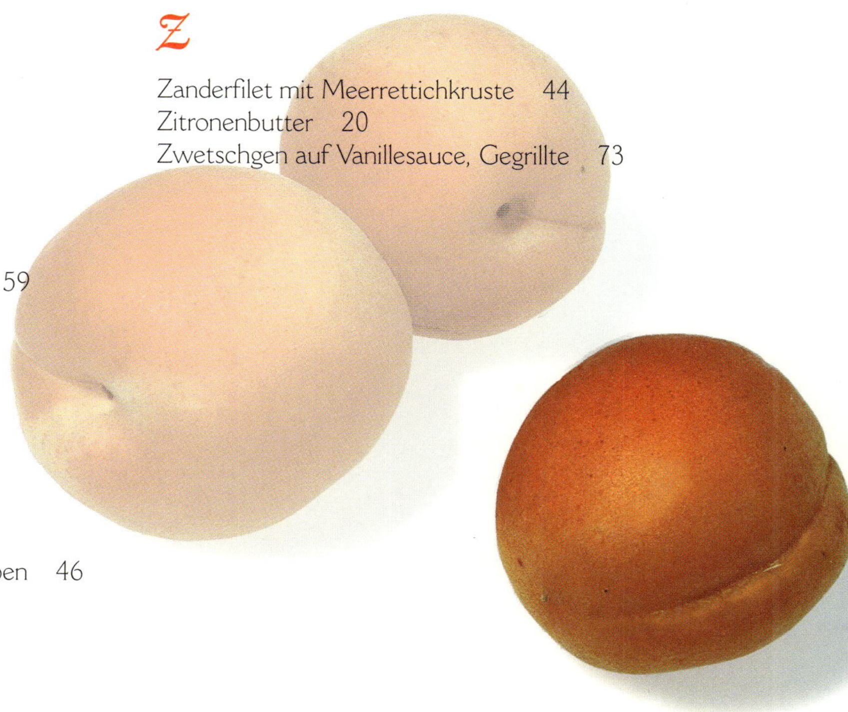

Impressum

Bezugsquellen
SEVERIN Elektrogeräte finden Sie bei allen großen Versandhäusern, in den Elektroabteilungen der führenden Verbrauchermärkte, Kauf- und Warenhäuser sowie im Elektrofachhandel.

Der Autor
Walter A. Drössler ist ausgebildeter Koch und Prüfungsmeister für die IHK München und Oberbayern für gastgewerbliche Berufe. Seine langjährigen Erfahrungen, sowohl in der Gastronomie als auch in seiner Redaktions- und Autorentätigkeit im Bereich der Gesundheits- und Ernährungsthemen für Hörfunk, TV-Sender und Printmedien, sind in diesem Buch weitergegeben.

Der Fotograf
Aufgewachsen in Schleswig-Holstein lebt der Fotograf Michael Holz seit 15 Jahren in Hamburg. In seinem Studio auf St. Pauli arbeitet er heute für viele Verlage und Werbeagenturen. Hier realisiert er am liebsten Projekte, bei denen er seine Erfahrungen aus der intensiven Arbeit in den unterschiedlichsten Gebieten der Fotografie kombinieren kann – von Landschaftsfotografie über Beauty und People bis zu Arbeiten für die Musikbranche. Aktuelle Arbeiten sind im Internet unter www.zauberhaus.com zu sehen.

Bildnachweis
Alle Fotos sowie die Umschlagfotos stammen von Michael Holz, Hamburg
mit Ausnahme von:
Freisteller: Südwest Verlag, München

Dank
Wir bedanken uns bei der Firma SEVERIN Elektrogeräte GmbH, Sundern/Sauerland für die freundliche Unterstützung. Mehr Infos zu den Geräten unter www.severin.de
Besonderer Dank für ihre große Unterstützung gilt Linda und John vom Gästehaus:
The Sanctuary Guest House
No. 1 Sanctuary Close
Milnertown/Kapstadt
Tel./Fax: 0027/21/5525441
eMail: johnknox@mweb.co.za

Hinweis
Das vorliegende Buch ist sorgfältig erarbeitet worden. Dennoch erfolgen alle Angaben ohne Gewähr. Weder Autor noch Verlag können für eventuelle Nachteile oder Schäden, die aus den im Buch gemachten praktischen Hinweisen resultieren, eine Haftung übernehmen.

Lektorat: Martina Solter
Projektleitung: Alexandra Endres
Testküche: MSB, Walter A. Drössler, Kay
Fotoproduktion: Ute Schoenenburg
Fotografie: Michael Holz
Foodstyling: Maik Schacht
Styling: Matthias Eitner
Haare und Make-up: Brigitte Bechtel
Assistentin: Susanne Tiepelmann
Freisteller: Südwest Verlag
Produktion: Manfred Metzger (Leitung), Annette Aatz
Layout: Andreas Rimmelspacher
Umschlaggestaltung: Jan-Dirk Hansen
DTP/Satz: Maren Scherer, München

Printed in Italy
Gedruckt auf chlor- und säurearmem Papier

ISBN 3-517-09209-6